採用獲得のメソッド

必ず

はじめての転職ガイド

成功する転職

Career Change

マイナビ

はじめに

私は、約20年間人事の仕事に携わってきました。

1万人以上の採用試験を行い、現在は転職者向けセミナーや個別指導を行ったり、『マイナビ転職』の「転職Q&A」や多くの転職関連書籍の執筆をしています。

本書は、はじめて転職をする人のために執筆しました。転職は、新卒採用と異なる点が多く、なかなか成果が出ないことがあります。中途採用では新卒採用とは違い、社会人としての職務経験が採否を決める重要なポイントになり、履歴書のほかに職務経歴書の提出が求められます。1次選考を履歴書と職務経歴書で行う企業も多く、そのため、2次選考の面接に進めない人は少なくありません。せっかく素晴らしい職務経験があっても、採用担当者にうまく伝えられないために不採用が続く人がいるのです。

はじめて転職をする人にとって、履歴書は書いたことがあっても職務経歴書の作成は、はじめての経験だと思います。「職務経歴書は、これまでやってきたことを書けばよい」と安易に考えているようでは、採用担当者の目に留まらず転職活動はうまくいきません。職務経歴書は、これまで携わってきた仕事に興味を持ってもらうためのプレゼン資料なので内容はもちろん、見せ方にも工夫が必要です。

面接も新卒採用とは異なります。新卒採用の面接で、担当者は社会人経験がない応募者の入社後の可能性に期待しますが、中途採用では短期間で戦力となる人材かどうかを見極めます。転職面接は、「面接される」というより、自分という商品を「売り込む」ものです。質問に対して、あいまいな回答をしているようでは、採用担当者は興味を持ちません。

本書では、はじめて転職をする人に、新卒採用と中途採用の違いを理解していただいたうえで、採用担当者の目に留まる職務経歴書の書き方、面接で採用したいと思わせるアピール方法、さらに内定から入社までに行うことなど、転職に成功するための法則について余すところなく書かせていただきました。

転職を成功させたいと本気で考えている人の指南書となることを心から願っています。

谷所 健一郎

はじめての転職ガイド　必ず成功する転職

目次

CONTENTS

第3章 「会いたい！」と思わせる書類の書き方&サンプル集 53

第4章 「採用したい！」と思わせる面接テクニック&回答例 91

序章

はじめての転職を成功させる6カ条

転職活動は、情報収集や時間の使い方から
自己アピールまで、新卒のときとは大きく異なります。
序章では、はじめての転職を成功させるために、
まずは頭に入れておきたい6カ条を紹介します。

第1条 自分の気持ちを整理せよ

ネガティブな転職理由でも転機ととらえる

転職を考えるきっかけはさまざまですが、多くは現状に満足せず、それを打破したいという気持ちから転職を意識します。中には、昨今の不況の下、企業の事情で転職を余儀なくされる人もいるでしょう。はじめて経験する転職では、現職を辞めて再就職できるか不安もよぎります。

転職を成功させるためには、なぜ転職をしたいのか、自分の心に正直になって考えてみてください。一時的な感情で企業を辞めても転職はうまくいきません。現状を変えるためには、転職せずに現職で頑張るといった選択もあるはずです。

現職が嫌だからといって転職しても、すべてがうまくいくという保証などどこにもありません。転職をすれば、今までの経験を生かして実務面で能力を発揮することが期待されます。そのためには、なぜ転職をするのか理由を明確にし、強い信念で転職に臨む必要があります。

企業への不満から転職を決意する人は、その気持ちが書類の文面や面接で表れることがありますが、それらは採用担当者には興味のないことです。転職の理由がネガティブなものでも、それをきっかけとしてとらえ、前向きな気持ちで転職活動を行ってください。「嫌な上司がいるから企業を辞めなければいけない」ではなく「嫌な上司のおかげで転職し、成功した」と後々語れるようにするためにも、気持ちを切り替えて臨みましょう。

ポイント
なぜ転職をしたいのか、冷静な気持ちで考えてみよう。現状からの逃避だけでは、転職は成功しない。今までの経験を振り返り、なりたい自分に近づくためにやるべきことを整理しよう。

転職の動機　書き込み&チェックリスト

なぜ転職をしたいのか？　具体的な理由を書いてみよう。

・

・

・

・

転職のリスク を自覚するためのチェック

- □ 給与が下がる可能性がある
- □ やりたいことをすぐに実現できるとは限らない
- □ 入社当初は、新人としての自覚が求められる
- □ 入社当初は、よそ者といった目で見られる可能性もある
- □ 社内外の評価を一から築く必要がある
- □ 求められている能力を発揮できない場合、ジャッジをされるのが早い
- □ 職場環境が変わり、ストレスが溜まることも
- □ その他（　　　　　　）

転職を決断 するためのチェック

- □ 問題を解消するには、転職の選択しかない（現状を変えられない）
- □ ネガティブな理由を、ポジティブに切り替えている
- □ 衝動的な転職ではなく、計画的に考えている
- □ 実務面で"売り"となる強みがある
- □ やりたいこと、やるべきことが明確である
- □ 5年後を見据えている
- □ 家族の同意を得ている（得られる）
- □ その他（　　　　　　）

転職のメリット を考えるためのチェック

- □ 現職では就けない職種やポジションに就くことができる
- □ 働きたい業界・業種で仕事ができる
- □ 待遇面の向上が期待できる
- □ 現状の修復できない人間関係から脱却できる
- □ 良い労働環境、労働条件で勤務できる
- □ 安定した生活が期待できる
- □ スキルを高めることができる
- □ その他（　　　　　　）

▼

転職のリスク・メリットを理解したうえで、やるべきことを書いてみよう。

・

・

・

・

第2条 スケジュールを立てて行動せよ

やるべきことを整理し計画的に行動する

転職活動においては、やみくもな行動は慎むべきです。なりたい自分、やるべきことを明確にせず、一時的な感情で応募をしても採用は勝ち取れません。うまくいかないからといって、目先の求人へ企業研究もせずに応募し、さらに採用が遠のいてしまうという悪循環に陥りかねません。

新卒採用と違い、中途採用では即戦力が求められるケースが多く、内定後には短期間での入社が要求されます。だからこそ集中して企業の選択・応募をすることが大切です。複数の企業への応募は可能ですが、内定を保留にするのは難しいため、同時期に集中して応募する必要があります。

また、新卒時には企業説明会やセミナーなどで企業研究を行いましたが、転職では原則として個人で調べなければなりません。未経験の業界や職種であれば企業研究の時間もさらに必要になります。入念な企業研究を行い、実務経験を生かして活躍できる企業かどうかを見極めてください。

実際、転職活動を始めるとスケジュール通りにいかないことが多々あります。離職中の求職者であれば自由な時間が多いですが、逆に、スケジュールを立てて自ら行動管理をしていく必要があります。なお離職中は転職活動だけでなく、自己啓発セミナーへの参加やスキルアップの時間のほか、友人や知人との情報交換の時間を設けたりすると、気持ちに余裕が生まれます。

ポイント

スケジュールを立てて、計画的に転職活動を行おう。そうすることで、やるべきことや転職活動でかかるおおよその費用が明確になり、効率的に活動ができる。

転職活動のスケジュールと予算の立て方

転職活動のスケジュールを立てる

基本は 3カ月をめどに転職活動のスケジュールを立てる。スキルアップに時間を割きたいなら、6カ月程度の長期スケジュールを組むことも可能。

❶ 転職活動スタート時期 ▶ ❷ 情報収集・応募時期 ▶ ❸ 採用試験時期 ▶ ❹ 退職・入社準備時期

（❶〜❹：3カ月）

※詳細は26ページを参照。

転職活動の予算を立てる

交通費　＊中途採用の面接などには、通常交通費は支給されない	円
書類・履歴書・写真撮影費	円
郵送費	円
宿泊費（遠隔地在住の場合）	円
飲食費	円

スケジュールを立てる際のポイント

- 業界・職種・企業研究に時間を割く。
- 応募時期はできるだけ集中させる。
- 複数の求人媒体、人材紹介会社、ハローワークを活用する。
- 転職フェアや支援サービスの日程を、スケジュールに盛り込む。
- 退職願提出から退職までの期間を把握する。
- 在職中であれば、有給休暇を活用することを考える。
- 過密なスケジュールではなく余裕を持たせる。
- 進ちょく状況によりスケジュールの見直しを行う。
- 友人や知人と会う機会を設ける。

第3条 きちんと情報収集をして企業を選ぶべし

情報収集を怠ると、入社後に嘆くことになる

新卒採用では、企業説明会などで情報を収集することができますが、転職では、求人情報、企業のホームページ、『会社四季報』、ブログなどから情報を収集し、自分に合う企業かどうかを見極める必要があります。

情報収集を丁寧に行い、今までの経験を生かして活躍できる企業かどうかを考えてみてください。求人サイトなどの求人情報では、企業が人材に期待することや必要なスキル、経験などが具体的に記載されていることがありますが、全く該当しないようでは、採用されるのは難しいでしょう。

情報収集では、自分が入りたい企業かどうかという点だけでなく、経験を生かして活躍できる企業かどうかを考えてみる必要があるのです。もちろん、情報の収集先は求人情報だけではありません。特に未経験の業界や職種であれば、その業・職種で働いている知人や友人から業界特有の情報を得るのも一つです。また、インターネットの掲示板などに記載されている情報もありますが、それらの内容を鵜呑みにするのは疑問があります。どこの誰が何のために書いたのか分からないからです。

中途採用を行う企業は、抱えている現状の問題を改善したいため、外部の人材を求めるケースもあります。情報を収集したうえで、これまでの経験を生かして存在価値を発揮できる企業かどうかを考え、自ら決断して応募してください。

ポイント

事前に企業の内情を知ったうえで入社するのと、何も知らずに入社するのとでは、入社後のモチベーションも異なる。情報を分析し、経験を生かして貢献できるかチェックしよう。

求人情報の入手先と募集要項の読み方

主な求人情報の入手先

●求人サイト

Webサイト上で自分の希望条件に合った求人を検索し、応募できる。登録した履歴書を公開することで、企業からスカウトが届く機能もある。総合的な求人情報を掲載しているマイナビ転職（http://tenshoku.mynavi.jp）のほか、特定の業・職種に特化したサイトもある。

●人材紹介サイト

人材紹介の求人情報が掲載されている（企業名が公開されていない求人もある）。求人情報を掲載している人材紹介会社へ登録後、希望条件や経歴に合った求人案件の紹介が受けられる。

●ハローワーク

全国のハローワークで求人情報が掲載されている。ハローワークインターネットサービス（http://www.hellowwork.go.jp）でも求人情報を閲覧できる。

●その他

地域求人誌、新聞、折込み求人、企業ホームページなどがある。

募集要項のチェックポイント

●給与

- 固定給（日給月給制）　欠勤した場合、その日数分が減額される。
- 固定給（月給制）　月額で決まった金額が支給される。
- 年俸制　年収額を12カ月で分割して支給する企業が多い。

●試用期間

企業で独自に決められている（通常1～6カ月）。試用期間中の給与が本採用と異なる場合や、時給で支給する企業がある。

●交通費

全額支給のほか、上限を設けている企業がある。

※募集要項だけでは判断できないことも多いので、興味のある企業であれば積極的に応募したうえで、面接を通して確認することもできる。

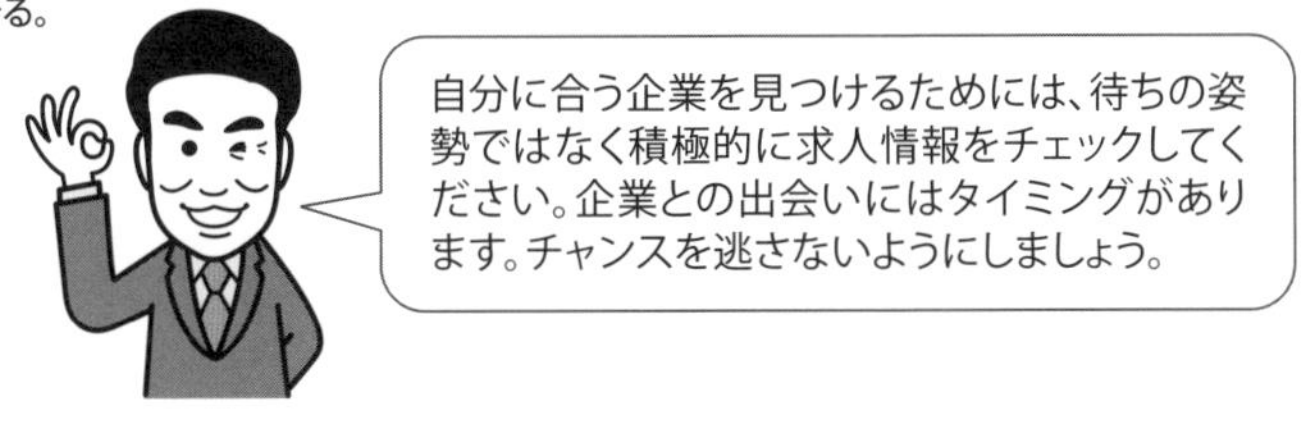
自分に合う企業を見つけるためには、待ちの姿勢ではなく積極的に求人情報をチェックしてください。企業との出会いにはタイミングがあります。チャンスを逃さないようにしましょう。

第4条 「会いたい!」と思わせる書類を作成せよ

応募書類は実務能力と人物像をアピールするプレゼンツール

新卒採用では応募者には実務経験がないため、企業側は学校での専攻や適性、人物像、仕事への意欲を履歴書やエントリーシートから判断しますが、中途採用では履歴書と職務経歴書から、求める実務能力と人物像に合致するかを見極めます。

また、中途採用では、履歴書以上に職務経歴書が評価の重要ポイントになります。はじめて転職を志望する人の多くは、職務経歴書には単に今までの職務経歴を記載すればいいと考えていますが、職務経歴を羅列するだけでは、採用担当者にインパクトを与えられません。特に指定がなければ職務経歴書の書き方に決まりはありませんが、決まりがないが故に、書き方次第で差がつきやすいのです。応募企業で求められるスキルや経験を分析したうえで、職務経歴と合致する部分を強調して記載するなど、工夫をすることが大切です。

中途採用で提出する履歴書、職務経歴書は、あなた自身をアピールするプレゼンツールだと考えてください。書類選考後に面接を行う企業は多いので、書類によって会ってみたいと思わせることが重要です。読みやすいだけでなく、あなた自身をしっかりプレゼンした書類の作成を心掛けましょう。

採用担当者が興味を持つのは、自社で生かせる実務能力です。未経験の職種でも、今まで培ったコミュニケーション能力や事務処理能力など、応募職種で生かせる能力をアピールしましょう。

ポイント

経歴を羅列しただけでは、採用担当者は興味を持たない。求められているスキルや経験を分析したうえで合致する部分を強調して記載することで、落とせない職務経歴書になる。

会いたいと思わせる履歴書・職務経歴書とは？

履歴書作成のポイント

- 指定がない場合は、市販の履歴書、パソコンで作成した履歴書どちらでも構わない。
- パソコンで作成する場合は、市販の履歴書と遜色ない体裁にする。
- 手書きで書く場合は丁寧に記入し、間違えた場合は修正はせず新たに書き直す。
- 志望動機は抽象的な内容ではなく、応募企業向けの内容にする。
- 写真は、できる限り写真館で撮影する。
- 返却された履歴書の使い回しをしない。
- 都道府県、学校名を略して記載しない。
- 年月に誤りがないよう注意する。

職務経歴書作成のポイント

- 職務経歴をアピールするためのプレゼン資料だと認識する。
- 求められる職務経験を強調する。
- 読み手の立場になり、読みやすさを考慮する。
- 評価・実績・工夫・改善したことを簡潔にまとめる。
- 仕事への意欲を示し、人間性をアピールする。
- 誤字、脱字、年月の正確性に注意し、偽りを記載しない。
- 長文は避け、簡潔にまとめる。
- できる限り2、3枚にまとめる。
- 採用担当者の立場になって読み返し、会ってみたい人物になっているか確認する。

詳しい書類作成のコツや具体的なサンプルは第３章（53ページ～）で解説しています。ぜひ、参考にしてください！
応募企業で生かせるスキルや経験を強調して書くことがポイントです。求められている能力を的確につかみ、関連する部分をアピールしましょう。

第5条 面接では「一緒に働きたい」と相手に思わせること

面接では自分を商品と考えて応募企業にセールスする

中途採用の面接では、採用担当者は自社の求める実務能力があるかどうかを、提出された履歴書、職務経歴書を見ながら確認します。さらに協調性や人物像についてもチェックします。

新卒採用では、適性や仕事への意欲が採否の大きな判断材料になりますが、中途採用では、実務能力と人物像が採否の判断材料になります。応募者は自分自身を商品だと考えて、応募先の企業が求めているスキルや経験が、自らの経験と合致していることをアピールし、積極的に売り込むイメージを持ってください。ただし、一方的な売り込みだけでは、相手に届きません。優秀な人材でも人間的な魅力を感じなければ、一緒に働きたいとは思われないのです。相手の目を見て話ができるか、相づちを打って人の話を聞けるか、仕事への意欲が感じられるかなど、言葉では表せないノンバーバル（非言語）コミュニケーションが、採否のポイントになります。

回答には、面接担当者が興味を持つようなキーワードを盛りこんでみてください。それに興味を持たれればさらに突っ込んだ質問がされるはずです。決まりきった回答ではなく、面接担当者にもっと聞きたいと思わせる経験やスキルを具体的に話せるように準備しておきましょう。自分をセールスするためには、相手が欲しいと思うものを提供することが必要です。

ポイント

中途採用の面接は、商談の場だと意識しよう。質問の意図を読み取り、漠然とした回答ではなく、求められている職務能力、人物像に合致する人材であることをアピールする。

面接担当者はどこを見ているのか

面接担当者が好感を持つポイント

意欲・態度

- 求められている実務能力を把握し、合致する部分を強調する。
- 入社したい意欲を表す。
- 厳しい質問や否定的な言葉に対して、ムキにならない。

コミュニケーション

- 場の空気を読み、交互の会話を意識する。
- あいさつ、相づち、視線、声のトーン、話すスピードに気を配る。
- 長々と回答せず、30秒から長くても1分以内に収める。

回答内容だけでなく、表情、態度、口調に注意を払う

面接担当者の視点

- **実務能力** ▶前職の経験から、自社で求める人材と合致するか。
- **組織適応力** ▶態度、表情、退職理由を確認し、良好な人間関係が築ける人材か。
- **意欲・熱意** ▶自社だからこそ入社したいという意欲と、貢献したいという熱意があるか。
- **条件面** ▶労働条件、入社時期、待遇面などで折り合うか。

第6条 退職は跡を濁さずすっきりと

退職決意後は決心を変えず考えを貫く

退職を決意するまでは、現職に残る選択を含めてじっくり考えてください。しかし、いったん退職を決意したら、その考えを貫くようにしましょう。

在職中の応募者に対して、採用担当者は入社時期を確認します。その際、入社時期があいまいだと「本当に辞められるのか」「転職の決意が本物か」と懸念を抱かれることもあります。転職活動を始める前に、就業規則の退職に関連する記載に目を通し、退職に際しては辞める1カ月前に申し出る……など、その内容を確認しておきます。

在職中の転職活動は、内定が取れるまで口外しないのが原則です。会社を辞めると宣言したものの、転職がうまくいかないということもあります。また、退職を申し出ると、思い留まるよう説得されることがあります。そこで考えが変わることもあり得ますが、「一度退職を申し出た社員」というレッテルが貼られてしまいますので、原則として退職の決意を貫くべきです。そのためにも、じっくり考えたうえで、退職を申し出るようにしましょう。退職後もビジネスやプライベートでつながりがあることも多いので、引継ぎをきちんと行い円満に退職するのが社会人としてのルールです。「どうせ辞めるから……」といい加減な仕事をしていれば、これまで頑張ってきた成果も台なしになります。今まで以上に頑張る姿勢が、退職後も良好な人間関係を構築するポイントです。

ポイント

転職先が決定するまでは、同僚・上司や取引先に口外せず、申し出後は、決意を貫く。説得されて気持ちがぐらつかないよう、退職を申し出る前に十分考えることが必要だ。

円満に退職するためのポイント

退職時の注意事項

- 退職を決意するまでは、辞めない選択を含め十分検討する。
- 転職先への入社時期を明確にするために、退職について就業規則などで確認する。
- 内定を獲得するまで、同僚、上司には内密に行動する。
- 上司から説得されても、退職を決断したら意志を貫く。
- 引継ぎをきちんと行い、会社都合による解雇でも感情的にならず会社や上司の批判は慎む。
- 企業への返却物、企業から受け取る書類などについて事前に確認する。

ONE POINT

退職願を提出しても、上司が認めない、会社から理不尽な対応をされるなどといったケースがあります。上司や会社が退職を認めない場合でも、決意したなら退職の意志を貫いてください。どうしても認められないときは、労働基準監督署へ相談をするか、法律の専門家に相談をしましょう。民法では退職願提出後2週間経過すれば退職が認められます。

内定時の注意事項

- 原則として内定の保留は認められないと認識する（考える時間が欲しいと申し出ても2～3日が限界）。
- 第1志望の結果待ちであっても正直に伝えない。内定取り消しになりかねないので、別の理由を伝える。
- 口頭による回答でも、受諾したと受け取られるので、あいまいな言い方はしない。
- 雇用契約書で、雇用条件を確認する。
- 面接時に確認できなかった事項については入社前の内定段階で確認しておく。
- 内定受諾とみなされた後に辞退をすると、入社に伴い用意した備品などについて損害賠償を請求されることがある。

内定受諾を安易に考えてはいけません。受諾しておきながら後日内定を辞退することは、社会人としてのマナーにも反します。この点を十分考慮したうえで、内定を受諾してください。

転職力自己診断チャート

以下の質問に答え、下のレーダーチャートに記入してみましょう。自分に足りないもの、弱点が見えてきます。

	はい 2点	どちらでもない 1点	いいえ 0点
情報収集・分析能力			
• 社内情報に通じており、情報収集のネットワークがある。			
• 定期的に購読している雑誌、情報誌が3誌以上ある。			
• 業務でうまくいかないときは、必ず原因を分析し対処する。			
• 業務で疑問があれば、客観的に分析し担当者へ質問する。			
情報収集・分析能力	**合計**		**点**
目標達成・戦略能力			
• キャリアビジョンを明確に持っている。			
• 不足しているスキルは、自己啓発している。			
• 業務を遂行するためのスケジュールを綿密に構築する。			
• 既存の方法にとらわれず、新しい方策を構築する。			
目標達成・戦略能力	**合計**		**点**
対人理解・交渉能力			
• 年代が異なる人とも良好な人間関係を作れる。			
• 意見が反する人でも、積極的に会話をする。			
• 社外の人間との交渉が多い。			
• 集団を一つにまとめ、リーダーシップを発揮できる。			
対人理解・交渉能力	**合計**		**点**
判断・遂行能力			
• 仕事をするうえで優先順位を決められる。			
• 状況を判断し、既存の方法であっても変更できる。			
• 任された仕事は、納期を守りほとんどミスを犯さない。			
• 自分で決めた計画は、最後までやりぬく。			
判断・遂行能力	**合計**		**点**
行動力・職業意欲			
• 異業種交流会やセミナーなどに多く出席している。			
• やりたくない仕事も、最後までやりとげる。			
• 結果にこだわり、うまくいかない場合は対策を講じる。			
• 周囲の人間に反対されても、信念を持ってやり通す。			
行動力・職業意欲	**合計**		**点**

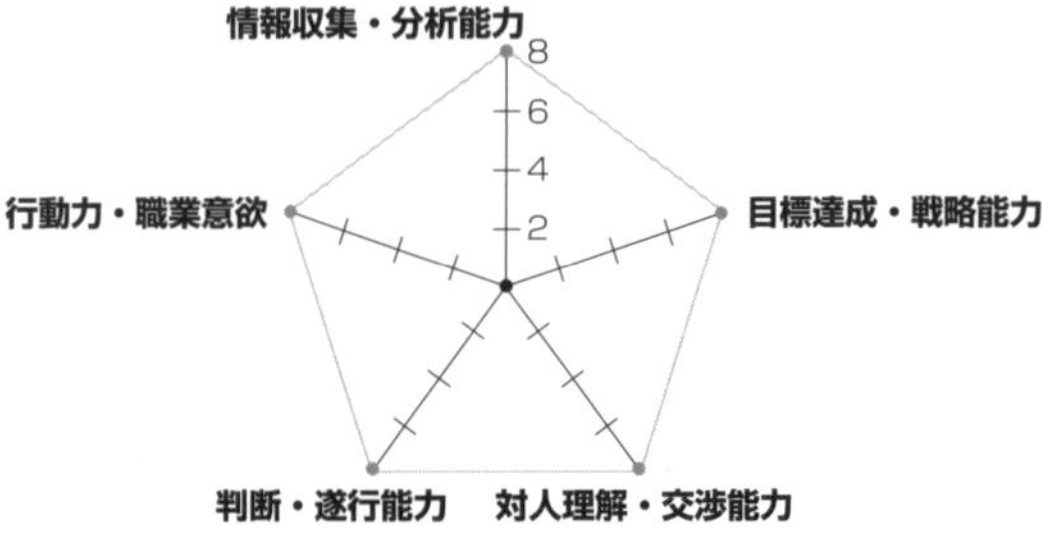

第1章

転職活動を始める前に知っておきたいこと

年齢も経験も近い者同士が一斉に行う
新卒の就職活動とは違い、
転職者は年齢も経験も、それぞれバラバラです。
自分が何をすべきか、どう振る舞うのが適切なのかなど、
状況によって判断しなければなりません。
この章では、活動を始めるに当たり、
転職をはじめて志望する人が知っておきたい
基礎知識についてご説明しましょう。

新卒採用と中途採用の違い

新卒採用と同じ考え方で転職活動を行えば失敗する

新卒採用と中途採用では採用担当者の視点が異なります。新卒採用では、採用担当者は、学歴や身に付けた学問との関連性、適性、仕事への熱意を評価しますが、中途採用では、何よりも職務経験を重視します。職務経験が短い応募者でも職務能力についてアピールすることが大切です。

新卒採用では、事業内容や仕事について会社説明会などで詳しく説明されますが、中途採用では、転職フェアなどで確認できる場合があるものの、基本的には自ら調べて採用試験に臨む必要があります。不明な点は面接時に確認できますが、企業研究のようなスタンスではなく、入社したいという意志を示しながら確認をします。中途採用で筆記試験を行う企業もありますが、履歴書、職務経歴書、面接が採否を決める重要なポイントになります。また、面接は集団面接ではなく個人面接が主流です。

また、中途採用では、専門職の募集も多く、応募企業で発揮できる実務能力のアピールは必須です。実務経験が短い、もしくは未経験の職種であっても、希望職種に就くために自己啓発していることなどをアピールし、意欲を示してください。なお、中途採用では、原則として短期間で戦力となる人材が求められているので、第一に応募企業で発揮できる職務能力、そして社会人としてのビジネスマナー、応募企業への入社意欲が採否のポイントになります。

ポイント

中途採用では、自ら企業研究を行い、求められるスキルや経験を分析する。合致する職務経験とともに、応募企業だからこそ入社したいという意欲を示し、戦力となることをアピールする。

新卒採用と中途採用はここが違う！

◆新卒採用と中途採用の違い

	新卒採用	中途採用
企業情報の収集法	会社説明会（セミナー）／学内資料／リクルーターからの情報	原則として自ら調べる。通常、事前の会社訪問は不可。
採用担当者の視点	適性／仕事への意欲／学歴 ＊適性、学歴を重視	実務能力／仕事への意欲／学歴 ＊学歴以上に実務能力を重視
採用試験に伴う交通費	支給されることもある。	通常、支給されない。
提出書類	履歴書／エントリーシート	履歴書／職務経歴書
採用試験	書類審査／適性・筆記試験、面接	書類審査／面接（適性・筆記試験を行う企業もある）
内定までの期間	通常、筆記試験を含め2～3カ月	数週間から1カ月程度が一般的
給与	原則として学歴（年齢）で同一だが、異なる企業もある	前職の経験や年齢などを考慮し異なることがある
研修	入社前を含めて充実した研修があるのが一般的	あったとしても短期間。基本的に不足部分は自己啓発
キャリアカウンセリングなどのサポート	学校など	ハローワークなど
活動期間	大卒採用は3年次秋から長期間	通常3カ月程度
入社時期	卒業後、通常4月	内定後、1～3カ月以内
転居費用	高卒採用は通常支給。その他は、ケース・バイ・ケース	本人の意志で入社を希望する場合、通常支給されない

※上記記載内容は、求職者や企業の状況、職種により異なる。

転職者の心得

- その1 求められている実務能力を有しているかが、採否のポイントと心得る。
- その2 応募企業で発揮できる強みを自覚し、自らを売り込む気持ちで臨む。
- その3 原則として短期間で戦力となる人材が求められていると認識する。
- その4 応募企業でどのように貢献できるかを、第一に考える。
- その5 不足しているスキルは、自ら習得する。
- その6 同業種の中でも、応募企業だからこそ入社したいという熱意を示す。
- その7 過去の職歴や学歴について、必要以上にこだわらない。
- その8 完璧な会社などないと自覚し、自ら改善していく気持ちで臨む。

雇用形態を知ろう

将来像を踏まえて雇用形態を考える

中途採用の求人には、正社員、派遣社員、契約社員、アルバイト・パート、業務請負などさまざまな雇用形態の募集があります。転職活動がうまくいかないからといって、就業しやすい雇用形態を安易に選択するのではなく、将来像を考えたうえで選択すべきです。

中途採用では、実務経験が重視されるため、未経験の職種への転職は、職種によって厳しいことがあります。例えば経理職に就きたいと考え簿記の資格を取得しても、経験がないという理由で正社員として採用されないことがあります。この場合、経験を積むためにパート・アルバイトや派遣社員として関連する仕事に就く方法もあります。

正社員を希望しながら、厳しい雇用情勢だから仕方がないと、努力もせず簡単にあきらめて非正社員の雇用形態を選択するようでは、将来、正社員として転職することは難しくなります。3年後、5年後を想定して、現在の状況で最も適した雇用形態を選択してください。

契約社員、パート・アルバイトの求人広告に「社員登用制度有り」と記載されていることがありますが、いずれ社員になれるからと安易に考えるのは要注意です。「一定の条件をクリアした場合」や「登用試験合格者が社員に登用される」というように、登用条件がきちんとしているかどうか、入社前に確認をして、入社すべきか判断しましょう。

ポイント

派遣社員、パート・アルバイトなどは、正社員と異なり有期雇用であるため、会社の都合により雇用が打ち切られることもある。それを理解したうえで、キャリアプランと合致する雇用形態を選択しよう。

さまざまな雇用形態

雇用形態	契約	特徴
正社員	原則として就業規則に定められた定年まで。 ＊試用期間を設けている企業も多い（通常3カ月程度）。	年俸制、月額固定給など、企業、役職、職種により給与の支給形態が異なる。 年俸制は、賞与を含んだ年俸額を毎月月割りで支給するケースが多い。 月額固定給は、毎月決まった給与が支払われる。 管理職としての採用では残業代が支給されないこともあるので、内定時に確認する。
派遣社員	最長3年（ただし業種により異なる）。 紹介予定派遣では最長6カ月。	雇用元は派遣元企業、指示命令権は、派遣先企業。 通常、時間給で給与が支払われる。 有期雇用なので、契約期間終了後の雇用が保証されているわけではない。 紹介予定派遣は、派遣期間終了後に派遣先企業、派遣社員双方の合意があれば、正社員として雇用される。
契約社員	勤務先の会社と契約を交わし、有期雇用として勤務する。	雇用元は、勤務先企業。 通常、固定給だが、正社員と賞与、退職金で差があり、契約が延長されないこともある。
アルバイト・パート	通常、有期雇用だが、特に期間を定めず雇用されることもある。	雇用元は、勤務先企業。 通常、時間給で給与が支給され、賞与、退職金が出ないことが多い。
業務請負	個人で請け負う場合、個人事業主として会社と契約する。	業務を一括して請け負う契約。会社との雇用契約はなく、社会保険なども個人で加入し、確定申告を行う。
嘱託社員	勤務先の会社と契約を交わし、有期雇用として勤務する。	通常、固定給。定年退職をした社員の再雇用で、嘱託社員として期間を定めて雇用されるケースが多い。

正社員希望でありながら、契約社員、パート・アルバイトとして入社する場合は、正社員の登用条件について確認しましょう。
必ずしも正社員登用が保証されていない場合も多いので、その場合は登用条件のほか過去に登用された人数などを聞いたうえで検討すること。

転職活動のスケジュール

スケジュールを立てて集中して活動を行う

在職中の転職活動は現職の仕事もあり、思うように進まないこともあります。だからこそダラダラと転職活動を行うのではなく、スケジュールを立てて集中的に行うべきです。スケジュールは、大きく分けて「転職活動スタート時期」「情報収集・応募時期」「採用試験時期」「退社・入社準備時期」の4つに分類されます。いつかは転職をという気持ちでは、現職の仕事にも力が入りません。例えば3カ月もしくは6カ月後などゴールを設定してスケジュールを立てましょう。転職をしようと決めたら、進むべき方向を定め、企業選択、書類作成、採用試験を効率的かつ集中的に行ってください。

離職中の求職者は、時間的な束縛がない反面、いつまでも決まらないとあせりが出てくるものです。自己管理を怠ることなくスケジュールに基づき行動するようにしましょう。

転職活動の期間は、応募企業や採否の状況によって変わるので、一度立てたスケジュールも状況に応じて修正をしていく必要があります。

思うような結果が出ない場合は、これまでの転職活動を振り返り、何がいけないのか考察する必要があります。希望職種の条件とスキルや経験が合致しない、希望待遇と折り合わない、自己PRや強みが採用担当者に伝わらない、企業選択に誤りがある、書類や面接に問題があるなど、改善すべき点は速やかに改善し、新たな計画を立てましょう。

ポイント

転職活動は、活動仲間がいないことが多く孤独になりがちだが、ゴールを明確にしたうえで、やるべきことを整理しよう。それによって、孤独に打ち勝ち、目的を見失わず転職活動ができるはずだ。

転職活動のスケジュール例(3カ月の場合)

下記は転職に際し、いつまでに何をすべきかのチェックリストです。
活動を進めながらチェックマークを入れていってください。

転職活動スタート　　月　日

転職活動スタート時期（開始～3週間）

- □ 転職の目的を明確にする。
- □ 就きたい業界·職種を考える。
- □ 転職で優先すべきこと、譲歩できることを考える。
- □ 職務経歴の棚卸しをする。
- □ 職務経歴書·履歴書を作成する。
- □ 職務経験の強みを自覚する。
- □ 求人サイトへ登録する。
- □ 人材紹介サイトへ登録する。
- □ 就業規則で退職について確認をする。
- □ 不足しているスキルの自己啓発(筆記試験対策など)を行う。
- □ その他(　　　　　　　　　　)

情報収集スタート　　月　日

情報収集・応募時期（開始後2週間～6週間）

- □ 希望業界·職種の事前研究を行う。
- □ 求人サイト·人材紹介サイトの求人をチェックする。
- □ 応募企業を選択し、応募する。
- □ 応募企業向けに職務経歴書·履歴書の見直しを行う。
- □ 面接対策を行う(模擬面接など)。
- □ その他(　　　　　　　　　　)

採用試験スタート　　月　日

採用試験時期（開始後3週間～8週間）

- □ 進ちょく状況により、応募企業の見直しをする。
- □ 進ちょく状況により、書類·面接対策の見直しをする。
- □ 内定を受諾する。
- □ その他(　　　　　　　　　　)

退社·入社準備スタート　　月　日

退社・入社準備時期（内定～12週間）

- □ 転職先企業へ必要書類を提出する。
- □ 退職願を提出する。
- □ 業務の引継ぎを行う。
- □ 退職に伴うあいさつを行う。
- □ 会社への返却物·会社から受け取る書類などを確認し行う。

3カ月後入社

＊6カ月の場合のスケジュールでは、希望職種で生かせるスキルを磨き、「情報収集・応募時期」「採用試験時期」に時間をかける。

年齢別　転職者に求められるもの

年齢によって企業が求めるものは異なる

現職や前職でできなかったことや、やりたいことを実現するために転職を考えることは間違っていませんが、求職者からの視点だけではなく、企業側の視点からも考えてみる必要があります。

企業側から求められることや期待される人物像は、年齢によって異なります。転職を成功させるためには、その点を理解し、マッチングする人材であることを採用担当者に伝えることが大切です。

企業が転職者に求めるものは、程度は異なるものの、大枠で共通点があります。20代半ばまでの求職者に対してなら、実務経験は短くても容認されることがあります。意欲と行動力があって、入社後短期間で実務を把握し、戦力となることが期待されます。20代後半から30代前半の応募者には、前職における経験や実績が求められます。入社後は即戦力として貢献することだけでなく、リーダーシップを求める会社もあります。30代半ば以降の応募者に対しては、実務能力だけでなく部門を統括するマネジメント能力が求められます。過去の実績から新規部門の責任者として採用を行うこともあります。

前職に長く勤務した求職者は、心機一転、気持ちを切り替えて新しい環境になじみ、チャレンジしていく姿勢が大切です。過去の実績だけでなく、応募企業でやるべきことを把握し、新人として頑張る意欲を示しましょう。

ポイント

働きたいという気持ちだけで、一方的に熱意を示す人がいるが、企業は自社で生かせる人材かどうかを見ている。それぞれの年代に求められているものを意識したうえでアピールしよう。

年齢別 企業が応募者に期待すること

20代の応募者に企業が期待していること

- 新卒と異なりビジネスマナーを心得ている。
- 新しいことへの適応力があり、短期間で戦力に育つ。
- 自社の社風や制度になじみやすい。
- 素直で、指導しやすい。
- 勢いがあり行動力に長けている。

企業が考えるデメリット

- 経験が浅いため、即戦力として期待できないことがある。
- 実績を出せるか未知数の部分がある。
- 前職を短期間で辞めている場合、定着しない可能性がある。

20代の売りである若さと積極性をアピールし、
短期間で戦力となる人材であることを具体的に示す。

30代の応募者に企業が期待していること

- 職務経験を生かし即戦力として会社に貢献できる。
- リーダーシップ、マネジメント能力を発揮できる。
- やるべきことを理解し、問題点の改善ができる。
- 在籍社員とうまくやれる。

企業が考えるデメリット

- 前職の実績から、謙虚な姿勢に欠ける可能性がある。
- 社風になじめず定着しない可能性がある。
- 自社の体制に批判的になる可能性がある。

30代の売りである実績とリーダーシップをアピールし、
即戦力として貢献できる人材であることを示す。

40代の応募者に企業が期待していること

- 前職で得た豊富な職務経験や人脈を、自社で活用できる。
- 社員を育成する能力に長けている。
- 新規部門などのプロジェクトを任せられる。
- リーダーシップ、マネジメント能力を発揮し、会社の改革や業績を高められる。

企業が考えるデメリット

- 前職と比較をしてしまい、自社に批判的になる。
- 職場になじもうとする意欲に欠ける。
- 積極性や行動力に欠ける。
- 給与などが高い。

40代の売りである豊富な経験をアピールし、
新たな気持ちで転職先に貢献できるということを具体的に示す。

ケース別　転職への道

実務能力とともに帰属意識をアピールする

前職の退職理由が自己都合であれば、転職後はやりたいことや、やるべきことを実現し、社会に貢献していきたいという理由でアピールしやすいのですが、自分の意志ではなく、会社都合により転職を余儀なくされた場合、書類や面接で入社意欲が弱いと感じられる応募者がいます。

採用担当者は、自社において能力を発揮し帰属意識を持って仕事を行う人材かどうかを見極めています。正社員として採用するのであれば、会社の成長とともに自分も成長していきたいという会社への思いと、そのためには労力を厭《いと》わない強い意志があるかどうかが求められます。

前職がアルバイトや派遣社員だからといって、正社員の経験がないことを必要以上に気にする必要はありません。アルバイトでも応募企業で発揮できる経験があるはずです。派遣社員でも正社員以上のスキルがある人も大勢います。自信を持って実務能力をアピールし、今後正社員として長く貢献していきたいという姿勢を示すことが大切です。

出産後の再就職で正社員を希望する場合、採用担当者は、残業や休日出勤などの対応が難しいことを懸念するので、保育施設との契約、あるいは両親や知人のバックアップなど、具体的なフォロー方法を説明しましょう。ブランク期間については、応募企業で生かせるスキルの自己啓発を行っていたことを示すのも有効です。

ポイント

前職の雇用形態やブランク期間を、必要以上に気にしない。採用担当者が抱く不安材料をあらかじめ把握し、業務に支障を与えず貢献できることを理解してもらうことが大切だ。

転職ケース別 アピールのポイント

自己都合により退職➡正社員を希望する場合の注意点

- 現職(前職)でできず、応募企業だからこそできることを明確にする。
- 退職理由はネガティブな理由でも、やりたいことの実現といった前向きな理由に転化する。
- 同業界からの転職では、即戦力として貢献できることをイメージさせる。
- 在職中の場合は、入社時期を明確に示す。
- 今後は帰属意識を持ち、転職を繰り返さない意志を示す。
- やりたいことを主張するのではなく、採用する側の視点で貢献できることを主張する。

ONE POINT

自己都合で退職をする場合、なぜ自社に入社したいのか、その理由を採用担当者は考える。転職理由や志望動機があいまいだと、自社においても再び転職を繰り返す人材だと判断されやすいので、在職中であれば、応募企業の求人を見たため転職を決意した……などで構わないので、理由を整理しておく。

会社都合により退職➡正社員を希望する場合の注意点

- 本人の責任ではない場合は、「業績不振のため会社都合により退職」など、簡潔に理由を示す。
- 予期せぬ転職であっても、気持ちを切り替え応募企業への意欲と熱意を示す。
- 本人の責任による解雇は、書類では「会社都合により退職」として、面接で聞かれた場合のみ簡潔に理由を回答する。
- 管理職で業績不振や倒産で転職する場合は、会社の業績の好転に努力したことをアピールする。
- 前職の経験を応募企業で生かすことができ、即戦力として貢献できることを強くイメージさせる。

ONE POINT

会社都合の退職では、採用担当者は応募者本人の責任による解雇ではないかと疑うので、業績不振など、理由を明確にする。予期せぬ転職であっても、自己都合の転職に劣らない応募企業への熱意と意欲を示す必要がある。応募企業にとって、前職での不満や状況は、それほど興味がない。即戦力としての実務能力をアピールしよう。

自己都合と会社都合、どう違うの?

自己都合の退職とは、文字通り自分の意思で退職することです。自分の意思で辞めたということから、採用担当者は自社でも同様の問題が起きないか考えます。一方、会社都合の退職とは、業績不振や会社の倒産といった、本人の意思とは関係なく退職を余儀なくされることです。また、会社に損害を与えたなど、本人に問題があり解雇される場合も、会社都合になります。自分の意思による退職ではないため、気持ちを切り替え意欲的に臨んでいるかを、採用担当者は見極めようとします。

アルバイト➡正社員を希望する場合の注意点

- アルバイトの経験で生かせる実務能力をアピールする。
- 正社員として仕事に取り組む意欲を示す。
- 安定した生活を求める姿勢ではなく、会社に貢献していきたいという熱意を主張する。
- 原則として、残業や休日出勤もできることが望ましいと理解しておく。
- アルバイト経験しかないから転職が難しいと決めつけない。

ONE POINT

採用担当者は、アルバイト経験しかない応募者に対して、正社員として仕事をまっとうできるか懸念を抱くことがある。こうした懸念を払拭するためには、アルバイトであっても正社員と同様の仕事をしてきたことや、応募企業で生かせる実務能力があることを具体的にアピールする。アルバイト経験しかないことをあまり気にせず、前向きに転職活動を行うこと。

アルバイト経験しかないから正社員は難しいと考えていては、積極的なアピールができません。正社員として貢献していきたいという熱意と、採用後に生かせる経験を示しましょう。

派遣社員➡正社員を希望する場合の注意点

- 長く働きたいという理由だけでは、採用担当者は興味を持たないので、応募企業で生かせる実務能力をアピールする。
- 残業や休日出勤を最初から拒まず、勤務時間は柔軟に対応する姿勢を見せる。
- 派遣社員では携わることができない仕事に正社員として携わっていきたいとアピールする。
- 今後のキャリアビジョンを、応募企業の仕事とリンクさせてアピールする。

ONE POINT

安定した会社で長く勤務したいという理由から、正社員を希望する転職者がいるが、これは個人的な事情であり、採用担当者は興味を示さない。派遣社員として培った実務能力と、正社員としてやっていきたい仕事を具体的に示すことが大切だ。残業や休日出勤を厭わないこともアピール材料になる。

結婚後、再就職して正社員を希望する場合の注意点

- 残業や休日出勤を最初から拒まず、勤務時間は柔軟に対応する姿勢を見せる。
- ブランク期間も自己啓発してきたことをアピールする。
- 家庭があるからこそ責任感が増し、きちんと勤務できると理解させる。
- 実務能力で貢献できることを、具体的にアピールする。
- 将来子供ができても、仕事を続けていく意志を示す。

ONE POINT

採用担当者は、結婚の有無にかかわらず、業務に支障をきたすことなく貢献できる人材を求めている。結婚しているから採用されないのではなく、採用担当者に勤怠などで不安を与えている、もしくは発揮できる実務能力がうまく伝わっていないことが多い。これまで養ってきた経験を売りにして、長く勤務したいという姿勢を示そう。

出産後、再就職して正社員を希望する場合の注意点

- 子供を預かってもらえる環境などが整っており、業務に支障を与えないことを示す。
- ブランク期間があっても、前職の経験を生かして戦力となることをアピールする。
- 夫や両親が再就職に理解があり、協力的であることを示す。
- 長期のブランク期間であれば、必要なスキルについて自己啓発していたことをアピールする。
- 今後のキャリアビジョンが、応募企業でかなえられることを示す。

ONE POINT

育児と仕事の両立は大変だが、採用担当者は実務能力とともに、業務に支障を与えることがないかを考える。子どもの面倒をみてもらえる環境が整っているだけでなく、夫、両親の協力も得られることを伝えよう。応募企業が求めている人材と合致する実務能力をアピールし、採用担当者に欲しい人材だと思わせることが大切だ。

勤務時間の面などで業務に支障を与えず、仕事をライフワークと考えていることを示しましょう。前職の経験を生かして短期間で戦力となることをアピールしてください。

業界・職種研究のポイント

未経験だから知らない……では熱意や入社意欲が疑われる

未経験の業界、職種を志望する場合でも、中途採用では社会人経験のあるプロとして採用されます。新卒採用時には、会社説明会やセミナーを通じて、企業研究を事前に行いますが、中途採用では、自らインターネット、『会社四季報』、関連書籍などで企業研究を行い、なぜ未経験の業界を志望するのか明確にしておく必要があります。業界に精通した知人・友人がいれば話を聞くこともできるはずです。未経験だから知らない、では採用担当者に応募者の入社意欲は伝わりません。

同業界、同職種であっても応募企業の特徴を理解するために企業研究は必要ですが、未経験であればなおさら積極的に知ろうとする姿勢が求められます。中途採用の場合、入社後に新卒のように時間をかけて研修を行うケースはまれで、未経験でも知識として業界や職種を理解しているという前提で仕事を任されます。「教えてもらえるだろう」「未経験だから仕方がない」といった受身の姿勢では、採用担当者は興味を持ちません。

未経験の職種では、自ら応募職種に関連するスキルを高めるために努力していることをアピールしましょう。たとえ募集要項に未経験歓迎と記載されていても、未経験者が経験者より優遇されるわけではありません。スキル面においても自己啓発するなどして、短期間で戦力として貢献できることをアピールしてください。

ポイント

事前準備を怠ると、応募企業への熱意や本気度を示すことができず、採用側も自社を数ある企業の中の１社と見なしていると判断する。長く勤務したい業界・職種であれば思い入れを伝えよう。

中途採用における業界・職種研究

業界・職種研究の注意点

求人サイト

求人サイトの求人情報から、業界、職種について読み取る。情報の動きが早いので、常にチェックして自分の知識も更新しておきたい。

知人・友人からの情報

未経験であれば、知人・友人の話も有効な情報となる。現場の声を聞くことができる。知り合いにいなくても、これまでに築いた人脈を使って紹介してもらうことも可能だ。

インターネット

インターネットで検索すれば多くの情報を得られるが、信ぴょう性について疑わしいものがあり玉石混淆。信頼できるソースを見つける目を養おう。

転職フェア

各企業のブースで説明を聞けるほか、講演が行われることもある。新卒対象の場合と異なり、時期などが不定期なためマメな情報収集を欠かさないようにしよう。

業界誌・書籍

未経験の業界であれば、手始めに業界誌や書籍を購入し、情報を収集するとよい。情報源としての信頼性は高い。

会社主催の説明会

それほど多くはないが、会社主催で説明会を開くこともある。アンテナをしっかりはりめぐらせて情報収集に努めること。

会社四季報

業界や企業情報を客観的に判断できるので、積極的に活用したい。面接などで使えるデータが見つかることもある。

面接時

面接における説明から、業界や職種の情報を得ることもできる。現場の生の声でもあり、以後の転職活動に生かすことも可能。

業界・職種研究から、求められているスキル・人物像を想定する

業界・職種への興味が、転職への原動力です。分からないことをそのままにせず、情報収集しましょう。

新卒の業界・職種研究

- 企業主催の説明会・セミナー
- 学校にある資料
- 学校で開催される就職ガイダンス
- 求人情報
- リクルーターからの情報（OB・OG訪問）

求人案件の探し方のポイント

自分に合う会社がないと簡単にあきらめず、求人案件の探し方を検討する

人材紹介会社に登録をして紹介をひたすら待っている求職者や、求人サイトからスカウトメールが届かないと嘆いている求職者がいますが、紹介やスカウトメールを待つだけでなく自ら求人案件を探し、応募する積極性が必要です。

求人案件の探し方にはさまざまな方法があります。一般的なのは求人サイト、新聞、求人誌などに掲載されている求人広告から、希望する会社を見つけて直接応募する方法や、ハローワークで管理している求人に応募する方法です。

人材紹介会社は、企業から求人の依頼を受けて、スキルや経験を満たす人材を会社に紹介します。そのため、企業が求めている実務能力や経験とマッチすれば積極的に動いてもらえます。直接こちらから応募する求人とは異なり、非公開の情報を扱っているのも特徴です。

そのほか、自社ホームページに求人情報を掲載している企業も多いので、興味のある企業のサイトはチェックしましょう。転職活動中であることを知人、友人に伝えて、紹介を受けるという方法もあります。

希望する特定の企業がある場合も、情報収集は欠かせません。その企業が中途採用を行う予定があるかどうかを、求人サイトや企業のホームページで確認したり、実際に問い合わせをしてみるのもいいでしょう。

ポイント

自分に合う会社を見つけるには、求人案件の幅広い情報収集を行うことが大切だ。柔軟かつ積極的に情報収集をし、転職活動につなげることが、チャンスを呼び込む。

求人案件を見つける方法と特徴

求人サイト

- 幅広い業・職種の求人情報が掲載されている。
- サイト上で希望条件に合う求人の検索から応募まで行える。
- 在職中でも帰宅後に求人案件を検索し応募できる。
- 比較的新しい情報が掲載されている。

ハローワーク

- 多くの求人が紹介されている。
- ハローワークインターネットで求人を確認できる。
- 仕事内容や会社の情報が少ない。

人材バンク

- 40歳以上の管理職・技術職・専門職の求人がある。

折込み求人

- 地元に密着した求人が多く掲載されている。
- 新聞やインターネットに比べ、応募者が少ないことがある。
- 詳細情報が少ない。

新聞

- 大手企業や外資系企業の求人が多い。
- 情報量が少ない(インターネットと併用している会社もある)。
- 人気企業の募集には、応募者が殺到する場合がある。

人材紹介会社

- 企業からの要望に見合う人材でないと紹介されない。
- 事前に登録が必要になる。
- 非公開求人がある。
- コンサルタントの求職支援があり、求職者は、原則として費用がかからない。

人材派遣会社

- 決められた時間内で勤務できる。
- 契約期間が満了すると更新されないことがある。
- 紹介予定派遣は、一定期間派遣社員として働き、社員として採用される可能性がある。

転職フェア

- 多くの企業の説明を聞くことができ、面接につながる。
- 個別に面談を行うことが可能なフェアもある。
- 会社からスカウトを受けられるフェアもある。

求人案件の見つけ方は、ひとつの方法に固執せず、それぞれの特徴を理解したうえで、幅広くチェックしましょう。

今さら聞けない疑問①

転職活動を始める時期は、退職前？　退職後？

転職活動は、在職中に始めるか、あるいは退職後に行うべきか迷う人も多いと思います。どちらが正しいということはありませんが、在職中に始めた方が精神的に余裕を持って活動ができます。退職後だと、すぐに会社が決まれば問題ありませんが、内定がなかなか出ないと収入面だけでなく、このまま決まらないのではといった不安がよぎり、焦りが出てきます。その結果、就きたい職種や希望する会社ではないのに、妥協して入社することにもなりかねません。

在職中の転職活動は、現職の仕事があり採用試験に対応できないと考える人もいますが、１次面接であれば、夜や土曜に対応してくれる会社もありますし、有給をうまく活用することもできるはずです。在職中であれば、応募企業の求人を見て転職を決意したという転職理由を組み立てることも可能です。ただし、在職中の転職活動は生活面で追い詰められていないため本腰が入らなくなりがちです。「いつかは転職」といった気持ちでダラダラと続けてしまい、いつまでも決まらないといったケースもあります。

退職後であれば、時間にも余裕があり転職活動に打ち込めるといったメリットがありますが、自らスケジュールを立てて自己管理しないと、生活がだらけてしまい転職活動もうまくいきません。すぐに決まらずブランク期間が長くなると、採否にも影響が出てきます。

退職前と退職後、どちらも一長一短がありますが、現在の環境、自分自身の性格、それぞれのメリット、デメリットを踏まえて選択してください。

退職前の転職活動		退職後の転職活動
・生活面で不安がなく転職活動ができる。 ・企業選択で妥協せず、時間をかけられる。 ・転職活動を行った結果、現職に留まるという選択も可能。	メリット	・転職活動に集中できる。 ・時間に余裕があるため、多くの企業へ応募できる。 ・自己啓発の時間を作ることができる。
・現職の仕事に追われ、転職活動の時間がない。 ・生活面で困らないため、本気で活動しない。 ・応募企業の入社時期に対応できないことがある。	デメリット	・すぐに決まらないと生活面で困窮する。 ・すぐに決まらないと精神面で焦りが出てくる。 ・長期間のブランクが選考で不利になる。

第2章

転職を成功させる自己分析

自分はなぜ転職をするのか、これまでの経験を
転職後に生かすことができるのか、
将来に対しどんなビジョンを持っているのか……。
自分という人間を正確に把握し、
相手に最適な「売り」としてアピールするためには、
自己分析が不可欠です。
第２章では、転職者のための自己分析の方法を
伝授します。
ワークシートがついているので実際に記入して
活用してください！

転職の成功を引き寄せる自己分析とは？

自分をしっかり分析して「強み」を売り込む

中途採用では、実務能力や仕事への意欲、人間性などが見極められるので、自分の強みや適性を把握せず、やみくもに応募してもうまくいきません。なぜ転職をするのか、自分の「売り」となる点は何か、弱点をどのように克服するかなど、自己分析をしてアピールポイントを整理する必要があります。転職がうまくいかないと焦りが生じ、自分の何を売り込むべきかを考えずに応募を繰り返してしまいがちですが、冷静に自己分析を行ってはじめて、採用担当者に魅力を感じてもらえるプレゼンができるようになります。

また、自己分析を行うことで、職務経歴書や面接で伝えるべきことが明確になります。応募者が、今までの経験を羅列するだけでは、採用担当者に興味を持ってもらえません。転職目的が明確で、実務能力の強みを発揮し、将来の目的を応募企業でかなえられることを採用担当者にきちんと伝えることが大切です。自己分析を行うことで「なりたい自分」や「やるべきこと」が明確になり、強い信念を持って転職に臨むことができます。

営業マンが商品の特性や強みを把握しておらず「良かったらどうぞ」と言っているだけでは、誰もその商品を買いたいとは思いません。転職も同様です。自分が何を売り込みたいのかを把握し、入社後どのような活躍ができるのかを伝えるために、自己分析で自分自身を見つめ直してみましょう。

ポイント

何を売り込むべきか把握せず、今までの経験を伝えても採用担当者は興味を持たない。入社後活躍することをイメージさせるためには、応募者自身が発揮できる強みを把握し積極的に売り込もう。

自己分析の5つのステップ

STEP 1 転職の目的をはっきりさせる

現状から逃げ出すような転職では、相手も採用したいとは思わない。転職を考えるきっかけはネガティブであっても、ポジティブな思考に切り替え、キャリアゴール(目標) を達成するための転職活動を行う。

STEP 2 自分のアピールポイントを整理する

改めて仕事への姿勢、行動特性について考えてみる。実務能力が優れていても協調性や目標達成意欲が欠けていれば、転職は成功しない。自己 PRとしてアピールできる材料にもつながるのでじっくり考察しよう。

STEP 3 自分の弱点を見つめ直す

弱点のない人間はいない。弱点を把握しどのようにリカバリーするかが、転職を成功させるポイントだ。弱点は、目をそむけるのではなく正面から見つめることで、はじめて克服することができる。

STEP 4 自分のスキル、キャリアを整理する

職務経験を詳細に掘り起こすことで、「売り」となる強みを見つけることができる。直近の職務だけでなく過去にまでさかのぼって振り返ることで、成功実績や評価など、アピール材料を見つけよう。売り込むべきスキルやキャリアの材料を発掘するためには、携わってきた仕事に対し、工夫したこと、評価されたこと、失敗したことなどを整理する「職務経歴の棚卸し」(下図参照)が必要だ。

STEP 5 選考基準と、発揮できる強みを明確にする

応募企業で発揮できる強みを明確にすることで、何を売り込むべきか把握できる。優秀な人材でも応募企業が必要とするスキルや経験がなければ興味を持たれない。強みとして売り込むスキルや経験を経歴要約に盛り込もう。

職務経歴の棚卸し方法

❶ これまでに勤務した企業ごとに、携わった業務を詳細に羅列する。

❷ 業務の横に工夫したこと・評価されたこと・失敗したことを記載する。

❸ 成功事例は「なぜうまくいったのか」、失敗事例は「どう改善したのか」を記載する。

❹ 応募企業に売り込むことができる経験を抜粋して、職務経歴書を作成する。

※具体的なサンプルは 61ページを参照。

自己分析❶

転職の目的をはっきりさせる

ネガティブな要因をチャンスととらえる

現状に満足しないことが、転職を考える要因の一つになります。「上司とうまくいかない」「適切な評価がされない」「待遇が悪い」……など、ネガティブな要因をチャンスととらえて、なりたい自分、なるべき自分について考えてみましょう。

人にはそれぞれ価値観があり思いがあります。仕事も同様に、やらされているといった受身の態度ではなく、自分のイメージする姿に向かって実際に行動することが大切であり、それを実現するために転職というステップがあるのです。

「働かなくては食べていけない」という現実問題はありますが、ステップアップのための転職として、到達すべき目標、すなわち「キャリアゴール」を考えることは、とても大切なことです。目標がなければ、行き当たりばったりの活動を繰り返すことになってしまい、転職は成功しません。キャリアゴールに向けての人生設計図を具体的に描くうちに、やるべきことがはっきりしてきます。不足しているスキルや経験を認識し、それらを補いながら目標を定めて努力してください。

目的、目標が明確になると、ワクワクした気持ちで転職活動に臨むことができます。すると、その感覚が採用担当者に意欲や熱意として伝わります。転職を余儀なくされている人も、ここはチャンスだと考え、なりたい自分に向けてステップアップしてください。

ポイント

転職の目的、目標（キャリアゴール）が見えてくると、やるべきことが明確になる。転職は受身ではなく、キャリアゴールに向けてのステップと考え、ワクワクした気持ちで臨もう。

自己分析のためのワークシート①

なりたい自分を考える
- なりたい自分が見えているか。(キャリアゴール)
- 人生設計図を描いているか。(キャリアプラン)
- ワクワク感があるか。

転職を決意した「原因」について記入してください。

・
・
・

「将来の目標（キャリアゴール)」について記入してください。

・
・
・

キャリアゴールを達成することでどのような変化が予想できるでしょうか。現在までの状態やそれに対する思いと、将来に期待される成果を記入してください。

	これまで	これから
・仕事		
・金銭事情		
・生活		

キャリアゴールを実現するためのキャリアプランを考えてみましょう。今後5年間で身につけたいスキル・経験、自己啓発の大枠を記入してください。

	スキル・経験	自己啓発
・1年後		
・3年後		
・5年後		

自己分析❷

自分のアピールポイントを整理する

大切なのは職務経験に基づいた自己PR

採用担当者は、実務能力だけで採否を決めるのではなく、仕事への意欲や姿勢から応募者の人となりを判断します。ここでは、自己PRの材料になるアピールポイントを、これまでの職務経歴を振り返り、具体的に掘り起こしてみましょう。

アピールポイントの核になるキーワードは、20ページで行った自己診断チャートを参考に探してください。この診断で得点の高かった「強み」を裏づける事例を箇条書きにすることで、自己PRの内容に信ぴょう性を持たせることができます。自己診断チャートで特に優れた部分があれば、それがアピールポイントとして「売り」になります。

25歳未満で職務経験が短い人は、学生時代のエピソードを盛り込んでも構いませんが、学生時代の内容だけでなく、職務経験上の事例も記載するようにしましょう。日常業務に追われていると、自分のアピールポイントを考える時間がなかなか取れないと思いますが、職務経歴書や面接で自己PRの材料になるものを発掘するうえでも、ぜひ考えてみましょう。求職者の中には、謙遜《けんそん》してアピールポイントがないと言う人がいますが、転職で謙遜しているようでは、相手に何も伝わりません。左ページに挙げた5つのテーマに分類して考えてみると、すべての項目を埋めることができなくても、いくつか当てはまるものがあるはずですから、書き出してみてください。

ポイント

応募者自身が、アピールポイントを把握していなければ、採用担当者が理解できるわけがない。これまでの経験を思い起こして、自分自身を冷静に見つめてみると、売りとなる強みが見えてくる。

自己分析のためのワークシート②

自己診断チャート（20 ページ）で得点の高かった項目を裏づける、具体的な経験事例を箇条書きで記入してください。

情報収集・分析能力に優れた事例を箇条書きで記載してください。

-
-
-

目標達成・戦略能力に優れた事例を箇条書きで記載してください。

-
-
-

対人理解・交渉力に優れた事例を箇条書きで記載してください。

-
-
-

判断・遂行能力に優れた事例を箇条書きで記載してください。

-
-
-

行動力・職業意欲に優れた事例を箇条書きで記載してください。

-
-
-

上記5つの項目から特に優れている1～2項目を選び、職務経歴書や面接で役立つ自己 PR を練りあげましょう。

私は ＿＿＿＿＿＿＿＿＿＿＿＿＿＿＿＿＿＿＿＿ に優れています。

前職において○○を達成しました。（上記の事例を盛り込む）

貴社においても前職の経験を生かして貢献していきます。

自己分析❸

自分の弱点を見つめ直す

弱点や失敗を冷静に分析し、今後に生かす

誰にでも弱点はありますが、弱点を把握せず同じ過ちを繰り返すようでは、転職もうまくいきません。例えば、勤務先に定着できない人は、なぜ定着できないのか考えてみましょう。「思っている仕事と違った」「職場環境が合わない」など、企業側の問題点だけでなく、自分の気持ちに正直になって考えてみると、良好な人間関係が構築できない、あるいは飽きっぽいといった自分自身の弱点も原因になっていることに気付くでしょう。

だからといって「どうせ自分は~だから」と開き直っていては前へ進めません。弱点は弱点と理解し、対処方法を考えましょう。良好な人間関係が構築できないのであれば、相手から話しかけられるのを待つのではなく、あなたから声をかける勇気を持つとか、飽きっぽい性格だと自覚していれば、「ここであきらめず、もう少し頑張ろう」と自分自身を叱咤激励《しったげきれい》することもできます。

他人から弱点を指摘されるといい気はしませんが、これまでの仕事ぶりや生活態度を振り返ると、指摘されないまでも、自ずと反省すべき点が見えてきます。それらを書き出してみて、どう対処、改善すべきかを考えることで、弱点を克服する意識付けができ、行動や考え方が変わります。

面接でも失敗事例を聞かれることがありますが、どのように対処したか、何を得たかを把握しておけば、アピールにつなげられます。

ポイント

弱点を把握していない人は、自分がすべて正しいと考えがちで組織にうまく適応できない。しかし、弱点を謙虚に受け止め克服していくために努力をする人は、さらに成長していくことが可能だ。

自己分析のためのワークシート③

自分の性格で弱点と考えられることを記入し、どのように克服しているか考えましょう（今後、克服していく決意でも構いません）。

性格の弱点① ＿＿＿＿＿＿＿＿＿＿

対処・改善方法 ＿＿＿＿＿＿＿＿＿＿

性格の弱点② ＿＿＿＿＿＿＿＿＿＿

対処・改善方法 ＿＿＿＿＿＿＿＿＿＿

＊面接時の質問「自分の短所はどこか」などの回答として引用する。

短所は ＿＿＿＿＿＿＿＿＿＿ ですが、

＿＿＿＿＿＿＿＿＿＿ をして改善しています。

これまでの仕事で失敗した事例と、失敗から得たことを記入しましょう。

仕事上で失敗したこと①

どのような失敗をしたか ＿＿＿＿＿＿＿＿＿＿

どのように対処したか ＿＿＿＿＿＿＿＿＿＿

失敗から得たこと ＿＿＿＿＿＿＿＿＿＿

仕事上で失敗したこと②

どのような失敗をしたか ＿＿＿＿＿＿＿＿＿＿

どのように対処したか ＿＿＿＿＿＿＿＿＿＿

失敗から得たこと ＿＿＿＿＿＿＿＿＿＿

＊面接時の質問「これまでに失敗したことについて」などの回答として引用する。

＿＿＿＿＿＿＿＿＿＿ という失敗をしましたが、

＿＿＿＿＿＿＿＿＿＿ をして対処しました。

この経験から ＿＿＿＿＿＿＿＿＿＿ という教訓を得ました。

自己分析④

自分のスキル、キャリアを整理する

現在のスキルとキャリアを整理し転職市場での価値を把握する

中途採用では、現職（前職）で身に付けたスキルとキャリアがアピール材料になります。それを把握したうえで、希望する職種で求められるスキルやキャリアについて考えてみましょう。

転職は夢や憧れだけではうまくいきません。現在の能力で不足しているものがあれば、どれだけ不足しているのかを明確にして、自己啓発することも必要でしょう。「どうしても就きたい仕事です！」と熱意をアピールしても、採用担当者は、裏付けとなるスキルやキャリアが把握できなければ、採用したいとは思いません。

転職によって少し高い職位や高度な業務を目指すことは問題ありませんが、そのためには、現状と就きたい職種（仕事）の溝を埋めるために努力していることを採用担当者に理解してもらう必要があります。

ここでは職務を通じて得たスキルやキャリアで他社でも通用するものを考えてください。前職の経験をどのように応募企業で生かせるかが、採否のポイントになります。これまでの経験から得たスキルを具体的な事例に落とし込み、有効なアピール材料にしましょう。

アピールできるスキルやキャリアがないと嘆く人がいますが、何もなければ採用担当者は興味を持ちません。今からでも自己啓発していく積極性を示してください。

ポイント

身に付けているスキルとキャリアを整理すると、就きたい職種に対して不足している部分が明確になる。なお、不足しているからとあきらめず、自己啓発していることを示せば、有効なアピールになる。

自己分析のためのワークシート④

これまでに身に付けたスキル

-
-
-
-

希望職種で求められるスキルと共通するもの

-
-
-
-

希望職種に必要とされるスキルで不足しているもの

-
-
-
-

不足しているスキルをどのように補うか？（自己啓発）

-
-
-
-

他社で通用するキャリア（経験）

-
-
-
-
-

記入のポイント

- スキルは、資格や技術だけではない。例えば「年代を問わず良好な人間関係が構築できる」など、日常業務を通じて身に付けたものを掘り起こしてみよう。
- 不足しているスキルは、例えば希望職種で語学力が必要とされるなら、TOEICでいつまでにどれだけのスコアを目指すかなどを記入する。
- 他社で通用するキャリアとは、例えば営業職であれば法人営業で得た人脈などがある。

自己分析❺ 選考基準と、発揮できる強みを明確にする

求められている実務能力を把握して今までの経験で生かせる部分を強調する

求められる実務能力や人物像は、応募企業ごとに異なります。求人要項から必要とされるスキルや経験を読み取り、前ページで整理したスキルやキャリアを武器に貢献できることをアピールしましょう。同職種でも、それぞれの企業によって求める人材が異なる場合があるので、求人要項から歓迎されるスキルや経験を読み取り、自分の経験やスキルが生かせるものを洗い出す必要があります。

職務経歴書を作成する際、応募企業が求めている実務能力を理解せずに経歴を記入しても、採用担当者は興味を持ちません。求めている人材と合致することで、会ってみたい人材となるのです。

まずは、今までの職務経験から応募企業で発揮できる実務能力を記入しましょう。次に、それを裏付ける経験や実績を書き出します。この時点で発揮できる能力が浮かんでこなければ、応募をしても採用されることは難しいかもしれません。そして、具体的に書き出した内容は、【貴社で発揮できる強み】などの見出しを付けて箇条書きにすると、採用担当者は好印象を抱きます。また、経歴要約を作成するうえでも、強みをキーワードにこれまでの職務経歴を文書化すれば、インパクトのある要約文になります。

経歴を羅列するのではなく、応募企業が求めているスキルや経験が、これまでの職務経験と合致することを示し、強みとしてアピールしましょう。

ポイント

応募企業が求めているスキルや経験を読み取り、関連する職務経験を、発揮できる強みとして箇条書きで記載しよう。記載したものが応募企業で売りとなる強みであり、強調すべきスキルと経験だ。

自己分析のためのワークシート⑤

応募企業で発揮できる強みを、今までの職務経験と関連付ける具体的な根拠とともに記入しましょう。ここに記入したことを、職務経歴書に【貴社で発揮できる強み】などの見出しを付けて記載します。

1. ______________________________

2. ______________________________

3. ______________________________

4. ______________________________

5. ______________________________

（参考）強みとして挙げる項目例
営業：コミュニケーション能力（交渉力／理解力／信頼関係／共感／積極性）
事務：事務処理能力（PCスキル／問題改善力／積極性／理解力）

上記の強みを含んだ経歴要約を、200 字～ 250 字以内で作成してください。ここに記入したことを、職務経歴書に【経歴要約】などの見出しを付けて記入します。

200

250

（参考）書き出しの例
前職（現職）では、～／大学卒業後～
貴社の求人を拝見し～といった経験を生かし貢献できる。

今さら聞けない疑問②

好印象を与える問い合わせ方法は？

応募企業へ問い合わせをする際には、ビジネスマナーを心得て対応しましょう。電話で応募する場合は、氏名を名乗り、電話をかけた目的、求人広告が掲載されていた媒体名、応募職種を告げます。電話で面接日時を告げられることがあるので、あらかじめ面接可能な日時を想定し、手元にはメモ用紙や手帳を置いて話をします。確定した面接日時は、必ず復唱します。

また、インターネットから応募をした後、企業からの連絡がなく悩む人がいますが、応募についての注意事項などを読み返してみてください。「面接を行う方のみ連絡をします」などと記載されていなければ、応募した企業の営業日ベースで１週間程度経過した段階で問い合わせてみてもよいでしょう。その際、メールでの問い合わせではなく電話で確認をしましょう。

募集内容などについて質問がある場合、電話やメールで問い合わせをすることが可能ですが、面接時もしくは内定後に確認できるような内容であれば、採用試験を受ける前の問い合わせは控えた方がいいでしょう。また、労働条件、給与、労働環境などの質問をしても、電話の応対者が適切な回答ができるとも限りませんし、待遇や労働条件にこだわる応募者だと思われる可能性もあります。

いずれにせよ電話での問い合わせは、応募条件を満たしていないが応募できるかなど、採用試験前に確認しておくべきことにとどめておく方が無難です。なお、電話をかける時間帯は、始業後、終業前の１時間、昼食時はできる限り避けてください。電話をかける際は静かな環境で、携帯電話であれば電波状況にも気を配りましょう。

電話による問い合わせのポイント

- □ 先方が忙しいと思われる時間帯は避ける。
- □ 氏名、電話の目的をきちんと伝える。
- □ メモを取れるように、必ず筆記用具を手元に置いておく。
- □ 面接日時などは、必ず復唱する。
- □ 担当者が不在の場合、担当者の氏名、在席する時間を確認し、改めて連絡する。
- □ 静かな場所から電話をかけ、携帯電話では電波状況にも気を配る。
- □ 労働条件、給与などの質問は、原則として行わない。

電話での問い合わせをすると採否に影響すると考えて躊躇する人がいますが、ビジネスマナーを守れば、何も心配する必要はありません。

第3章

「会いたい!」と思わせる書類の書き方&サンプル集

中途採用選考では自分を積極的に
プレゼンしなくてはいけません。
その第一歩が履歴書、職務経歴書などの応募書類です。
本章では、豊富なサンプルを基に、
書類作成のポイントをお教えしましょう。
読んだ相手に「この人に会ってみたい」と
思わせる魅力的な書類を作成することができれば、
内定獲得はもう目の前です！

履歴書・職務経歴書の役割とは

求める人材と応募者が合致するか見極められる

採用担当者は、履歴書に書かれた学歴、職務経歴の概略、志望動機などから、応募者が自社で求める人材と合致するか否か読み取ります。写真や手書きの書体からも、応募者の人となりをイメージします。履歴書で興味を持つと、職務経歴書で詳細を知りたいと思います。職務経歴書からは、今までの職務経験から自社で発揮できる強みや仕事への意欲を判断します。

応募者は、履歴書、職務経歴書を丁寧に書くことを心掛けてください。優秀な学歴や職歴でも、雑な字で書かれた履歴書や、経験を羅列しているだけの職務経歴書では、入社したいという意欲が感じられません。採用担当者は、多くの履歴書、職務経歴書を読んでいるので、ほかの応募者の書類に見劣りするようでは、会ってみたいとは思わないのです。

中途採用では、これまでの職務経験が採否の重要な判断材料になります。採用担当者の視点は、求める人材と合致するかどうかにあるので、応募企業が求めるスキルやキャリアを考えたうえで、職務経歴書には、必要とされる部分を強調して記入する必要があります。特に、書類選考を行う企業では、この点がぶれていると、優秀な学歴や職歴を持った人物であっても採用されません。履歴書の志望動機や自己PR、職務経歴書は、応募企業を意識して書きましょう。

ポイント
中途採用では職務経験が重視されるので、応募企業で発揮できる実務能力を強調して記載する。履歴書は、記載内容だけでなく丁寧に記載されているかどうかでも、入社意欲が見極められている。

書類における採用担当者の確認ポイント

履歴書における採用担当者の視点

- □ 丁寧な字で書かれているか
- □ 誤字、脱字がないか
- □ 写真から、仕事への意欲と在籍社員となじめる人柄だと感じられるか
- □ 学歴は、自社の条件を満たしているか
- □ 職歴は、自社の求める人材と合致するか
- □ ブランク期間に問題がないか
- □ 保有資格は、自社で生かせる資格か
- □ 志望動機は、自社へ向けてのものか
- □ 希望条件は、自社の条件と合致するか
- □ 遠隔地からの応募の場合、本当に入社可能か

職務経歴書における採用担当者の視点

- □ 自社の求める職務経験を持っているか
- □ 自社で発揮できる強みを理解しているか
- □ 枚数、レイアウトなど、読みやすく工夫されているか
- □ 実務能力、実績に信ぴょう性があるか
- □ 仕事への意欲や熱意が感じられるか
- □ 志望動機から、貢献できる人材をイメージできるか
- □ 不足しているスキルについて自己啓発しているか
- □ ブランク期間については納得できる内容か
- □ 退職理由は納得できるか
- □ 年代など、履歴書と合致する内容か

採用担当者は、履歴書と職務経歴書で１次選考を行ったり、面接の際の確認事項・質問材料にします。

効果的な自己PR・志望動機の書き方とは

応募企業で発揮できる強みと入社意欲を分かりやすく記入する

採用担当者は、履歴書の自己PRと志望動機に注目します。学歴や職歴に記入されるのは過去の事実のみなので、そこから応募者の意欲や熱意を見極められません。一方、自己PRや志望動機には、現状と将来について記入されているため興味を示すのです。

履歴書の自己PR、志望動機欄はスペースが限られているので、伝えたいことを簡潔に記入する必要があります。自己PRは、原則として仕事に関連する内容が好ましいでしょう。実務経験が短い場合は、学生時代の経験に基づき記入しても構いませんが、仕事に関連性を持たせてアピールをしましょう。自己PRは、応募企業が求めている人材を想定して記入することがポイントです。自社で活用できると考えると、採用担当者は職務経歴書にも興味を持ちます。

志望動機は、応募者の動機だけに「自分がやりたいこと」をイメージして、「〜がやりたいため」などと記入する人がいますが、応募企業だからこそ入社したい理由と、前職の経験を生かして貢献していきたい意欲を示しましょう。「前職で培った〜の経験を生かして、〜である貴社で、〜として貢献したい」と、貢献できることまで示すと、活躍するイメージを与えることができます。応募企業ごとに記入内容を変えることも重要です。

ポイント

転職目的、目標を明確にしておくと、自己PRや志望動機が組み立てやすい。転職は受身ではなく、キャリアゴールに向けてのステップと考え、ワクワクした気持ちで臨もう。

熱意が伝わる自己PR・志望動機の書き方

履歴書の自己PR例

冷静に状況を判断し、最善の方法を取ることができます。前職において、在庫がないものを代理店から受注してしまい、それが原因で納品が遅れそうな状況に陥りましたが、他部門と折衝し直営店の在庫を一時的に回すことで、無事納期に間に合わせることができました。この経験により最後まであきらめず前向きに仕事に取り組む姿勢が向上しました。

解説

結論から先に記入されており、内容が分かりやすい。具体的な経験を基に説明しており、信ぴょう性も高いでしょう。履歴書はスペースが狭いので、文字数に注意しましょう。

ポイント

- 結論から書き、伝えたいことをイメージさせる。
- 文字数に制限があるため、簡潔にまとめる。
- 仕事に関連した事例を盛り込む。

履歴書の志望動機例

前職では戸建ての住宅販売を行ってまいりましたが、投資型マンションを都市部で積極的に展開している貴社で、住宅販売の経験を生かしてぜひとも短期間で戦力となり、貢献したいと考え志望いたしました。

解説

同職種、同業界からの転職であり、貢献できる人材であることがイメージできます。応募企業の特徴を盛り込み、応募企業だからこそ入社したいという意欲が感じられます。志望動機欄では職務内容の詳細を記載する必要はないので、詳細は職務経歴書に記入しましょう。

ポイント

- 経験を生かして戦力として貢献したいとアピールする。
- なぜ応募企業に入社したいのか、動機を盛り込む。
- 詳細は職務経歴書に記入する。

自己PRでは、伝えたい結論を先に記入し、次にこれまでの職務経験に基づいた事例で説明をすると、採用担当者が理解しやすいだけでなく、活躍する姿をイメージできます。抽象的な内容ではなく、具体的に記入することがポイントです。

差がつくWeb履歴書の書き方とは

Web履歴書を作成することが、転職成功への第一歩になる

求人サイトに掲載されている企業へ応募する場合は、各サイトでWeb応募用の履歴書（Web履歴書）を作成します。Web履歴書で1次選考を行う企業も増えてきているので、採用担当者に会ってみたいと思わせるWeb履歴書を作成することが大切です。ほとんどの求人サイトで、履歴書・職務経歴書にあたるデータは保存しておけます。保存したデータは応募以外にも使えます。例えば『マイナビ転職』では、企業の採用担当者が匿名の登録データを見て、興味を持った人へ応募を促す「スカウト機能」というものもあります。

Web履歴書は、一度登録してしまえば応募の度に作成しなおさなくてもよいので非常に便利です。しかし、それぞれの企業が求めているスキルやキャリアは異なります。求人情報から求められているものを分析したうえで、アピールできる部分を強調しましょう。

職務経歴を羅列しただけでは、採用担当者にインパクトを与えることはできません。応募企業で求められる人材と合致する内容や志望動機を個別に組み立てれば、ほかの応募者に差をつけられます。

求人サイトから応募すると、履歴書、職務経歴書の送付を求める企業や、面接時に持参するように指示をする企業があります。応募・持参用に職務経歴書を作成する場合、内容を膨らませたり、割愛することも考えて作成しましょう。

ポイント

応募企業で必要とされるスキルやキャリアと合致する部分を強調して記載する。Web履歴書で1次選考を行う会社も多いので、年月・日付なども間違いがないよう細心の注意を払って作成しよう。

Web履歴書の作成方法と使い分け

Web履歴書作成

スカウトを待つ

特定の企業を想定せず、より多くの企業の採用担当者の目に触れることを意識して汎用性の高い内容にする。

個別の企業の求人に応募する

応募する企業に合わせて、志望動機や自己PRなどを構成する。

◆Web履歴書と職務経歴書の違い

	Web履歴書	職務経歴書
形式	原則として指定された統一形式。履歴書と職務経歴書の役割を持つ場合が多い	原則自由
記載情報量	通常多い	A4で2枚程度に収める
住所・学歴	記載する	原則として自由
希望勤務地・転職時期	記載する	原則として自由
現在の年収	記載する	通常記載しない
資格・スキル	記載する	原則として自由
希望条件	希望年収などを記載する	原則として自由

※求人サイトにより異なる。

Web履歴書作成のポイント

- ●就きたい職種や業界で求められる実務能力や人物像をイメージして作成する。
- ●特定の企業へ応募する場合は、応募企業向けに記載内容を見直す。
- ●長文ではなく見出しなどを付けて、読みやすいものを作成する。
- ●履歴書、職務経歴書と同様に、年月・日付を間違えないよう細心の注意を払う。
- ●求人情報の「歓迎するスキル(経験)」を参考にしてアピールする。
- ●職務経歴書をそのままコピー・アンド・ペーストしない。

自分をプレゼンする材料の見つけ方とは

過去の職務経験を掘り起こすことで、応募企業へのアピール材料が見つかる

職務経歴書を書く際に、携わってきたことをただ羅列する人がいますが、そのような経歴の羅列には、採用担当者は興味を示しません。

現在携わっている仕事であれば、記憶も新しく詳細の記載も容易ですが、過去の職務経験であっても応募企業で求められているスキルやキャリアであれば、具体的にアピールすべきです。職務経歴書を作成する前に、今までの職務経験について詳細に掘り起こしてみることで、アピール材料を発掘できます（職務経歴の棚卸し）。その際、携わった職務だけでなく、実績、評価、失敗したこと、失敗をどのようにリカバリーしたかまで書き出してみましょう。数字で実績を表しやすい営業などの職種でなくても、褒められたことや工夫・改善したことであれば、アピール材料になります。

詳細に書くことが職務経歴書だと考えている人がいますが、詳細に書き出した内容から応募企業で生かせるスキルやキャリアを抽出することが大切なのです。

中途採用では、応募企業ごとに求められるスキルやキャリアが異なります。すべてを満たすことは難しくても、少しでも応募企業が求めている人材に近いことが伝わる職務経歴書を作成する必要があります。そのためにも、これまでの職務経歴の棚卸しを行い、採用担当者に興味を持ってもらうプレゼン資料（＝職務経歴書）を作成しましょう。

ポイント

職務経歴の棚卸しを行い、応募企業で生かせる職務経験を見つけよう。職務経歴書は、経歴を羅列するのではなく、これまでの経験から生かせるものを強調して記載する。

職務経歴の棚卸しサンプル

勤務先企業名　株式会社○○　経験期間(20××年 ～現在)

	実務・実績・評価・失敗・対処などを具体的に記載
[新人研修]	
ビジネスマナー研修(2週間)	名刺の受け渡し、挨拶、ビジネス文書の書き方などを身に付ける。
支社にて研修(6カ月)	代理店向け営業　代理店○○の売上を前年対比10%アップ。工場への発注ミスから代理店へ迷惑をかける。以後、必ず二重チェックを行う体制を構築。
[販売促進部(20××年 4月～現在)]	
新商品のマーケティング調査	インターネットによる年代別の動向調査を実施。自社の30代を対象にした商品◎◎に、20代も興味を持っていることが判明し、広告戦略を見直す。
広告媒体の決定	新商品「○○○」の広告戦略を雑誌掲載からインターネット広告に切り替え、広告宣伝費を15%削減し、売上を維持。
販売経路の決定	販売代理店開拓を行い、新規代理店15社と契約。この結果、売上を前年対比で8%伸ばす。
販売促進ツールの作成	代理店開拓に伴い、これまでの30代を中心にした販売促進ツールに加えて、20代向けのツールを製作。一部代理店から販売ターゲットがあいまいになるとクレームを受ける。部内で検討し、販売戦略マニュアルを新たに作成して説明会を開催し、代理店の理解を得る。一つの視点からではなくチャンネルを広げて考えることの重要性に気付くとともに、代理店を説得した経験から交渉力を身に付ける。

「職務経歴の棚卸し」のポイント

- 入社時からの職務経験を書き出すことで、実績や評価などを掘り起こす。
- 成功事例は「なぜ成功したか」、失敗経験は「どのようにリカバリーしたか」まで記載すると、アピール材料となる行動特性を自覚できる。

アピール効果を高める要約文の書き方とは

採用担当者が興味を示す職務経歴を200〜250字でまとめる

職務経歴書の書き方に決まりはありませんが、ポイントは、いかに採用担当者に興味を持ってもらうかという点です。採用担当者は、最初から職務経歴に細かく目を通せるわけではないので、職務経歴書に【経歴要約】などの見出しを付けて、応募企業が求めている人材と合致することを端的に示してください。

経歴要約といっても、携わってきた経歴が漠然と書かれているようでは、採用担当者は興味を持ちません。例えば、雑誌には見出しがあり、次いで本文が掲載されていますが、見出しで興味を持つと本文が読みたくなるはずです。職務経歴書も同様に、経歴要約で採用担当者が興味を持つよう、これまでの職務経験の中でも応募企業で最も生かせる部分を強調して記載する必要があります。

経歴要約で興味を持つと、その後に記載されている職務経歴に、より興味を示します。採用担当者は多くの職務経歴書を短時間で読まなければいけません。応募者は、自分が求められている人材と合致することを即座に理解させることが大切なのです。

経歴要約を作成するときは、51ページで作成したワークシートが役立つので、参考にしましょう。応募企業で発揮できる強みが経歴要約の中に盛り込まれていることで、採用担当者は自社で活躍できる人材だとイメージするのです。

ポイント

【経歴要約】として、応募企業で発揮できる能力をアピールすることで、採用担当者は興味を示す。経歴要約は、面接時にこれまでの仕事について問われた際に手短に自己PRするときにも活用できる。

読み手が興味を持つ経歴要約例

経理職

株式会社○○に入社後、経理部に配属になり、売掛金・買掛金の処理、請求書発行などの月次処理業務と予算・実績資料の作成、決算処理までのデータ作成を行っています。データを正確かつ迅速に処理するために、他部署と綿密に連携を取り、常に細心の注意を払い業務に取り組んできました。在職中に簿記2級の資格を取得し、現在は、財務について勉強しています。今後は経理・財務のスペシャリストとしてより成長し、経理、財務、経営管理面で貴社に貢献していきたいと考えています。

希望職種と関連する職務について、特に強調して記載します。経理職は、専門性が強いため応募企業が求めている分野を絞り込んで、戦力となる人材であることをアピールしましょう。採用担当者の視点で、記載した経歴要約を読み返し、興味を持たれる内容かどうかチェックしてください。

営業事務職

○○株式会社○○支店において、営業事務として5年間従事してきました。営業担当者6名の見積書作成、請求書作成のほか、電話応対、来客対応、売上報告書作成、交通費、小口精算などに携わり、営業担当者のアシスタントとして同行することもありました。書類作成では、パワーポイントやイラストレーターを使い、常に読み手の立場を考え、読みやすい販売促進資料や営業資料を作成するよう心掛けてきました。営業事務職としての経験を生かし、短期間で戦力になれるよう頑張ります。

営業事務職として、前向きに仕事を行い、パソコンスキルにも長けていることがうかがえます。さらに事務能力だけでなく、電話応対、接客、営業担当者との同行から、コミュニケーション能力もアピールしています。経歴要約ですが、末尾に応募企業へ向けての意欲を示しても構いません。

経歴要約作成のポイント

- 採用担当者に興味を持ってもらうためのアピール文だと考える。
- 200～250字程度にまとめる。
- 応募職種に必要とされるスキル、経験を強調して記載する。
- 応募企業への意欲などを末尾に示しても構わない。

採用担当者の目を引く職務経歴書の志望動機とは

応募企業だからこそ入社したい意欲を、経営体質、商品、業務内容などから示す

志望動機は履歴書に記載するので、必ずしも職務経歴書に記載する必要はありません。ただ、採用担当者は、志望動機から自社への思いを読み取るので、できれば職務経歴書にも記入しましょう。

その際、履歴書に記入した内容と矛盾していれば、採用担当者は懸念を抱きます。かといって、履歴書と同じ文章では、職務経歴書のスペースを埋めるために記入したと思われるかもしれません。マイナス効果にならないようにするには、履歴書に記入した内容に加えて、さらに詳しく説明します。履歴書と同様に、どの企業でも当てはまるような漠然とした内容ではなく、応募企業の独自性、商品力、経営体質、業務内容などの他社との違い、優位性を踏まえて、「今までの職務経験を生かして貢献したい」とアピールしてください。

職務経歴書は、応募者の実務能力を見極めるものなので、志望動機も「～をやりたい」ではなく、「今までの～といった経験を生かして、～である貴社で～としてぜひとも貢献したい」という流れで記入すると、インパクトを与えます。

ポイントは、実務能力が求められる人材像に合っており、やりたいことを思い入れのある応募企業で実現することによって、貢献していきたいといった構成にすることとです。ただし、実務能力との関連性が低い学生時代のエピソードを絡めた志望動機は、職務経歴書に書かない方がいいでしょう。

ポイント

職務経歴書の志望動機は、応募企業だからこそ、これまでの経験を生かして貢献したいという意欲を示すことが大切。履歴書に記載できなかった詳細な内容を職務経歴と関連させて盛り込もう。

熱意を感じさせる志望動機例

人事職

前職では、採用、社内研修、給与計算、労務改善など、人事業務全般に携わりました。特に採用業務では、新卒採用、中途採用において、年間200名の採用経験があります。今回貴社の採用プロジェクト要員の募集を拝見し、前職の経験を生かせると考え志望いたしました。前職と業界は異なりますが、独自の商品開発と積極的な店舗展開をされている貴社の経営戦略に大変共感をしており、短期間で戦力となり貢献させていただきたいと、強く希望しております。

前職の経験が生かせると考える根拠が具体的に記載されており、採用担当者は興味を持ちます。さらに応募企業の経営戦略に共感しているといった、応募企業だからこそ入社したいという意欲も評価されるでしょう。

営業職

建築資材の法人向け営業職として5年間勤務してきましたが、今後は、エンドユーザーに対しての営業職として頑張りたいと考えていましたところ、貴社の不動産営業職の求人を拝見し転職を決意いたしました。アフターフォローに力を入れている貴社では、お客様からの新規客紹介が非常に多いとホームページで拝見しました。信頼を深めることで業績を向上させるスタイルは、まさに私が目指す営業だと確信しました。現在、宅建の資格取得に向けて勉強をしており、一日でも早く戦力になれるよう頑張りたいと思います。

営業職としての意欲を感じます。応募企業の独自性について把握しており、不足しているスキルについて、自ら学んでいる姿勢も評価されます。

志望動機作成のポイント

- 前職の経験を生かして貢献したいという意欲を盛り込む。
- 履歴書の志望動機を実務能力に絡めて詳しく記載する。
- 長文ではなく、200字程度で記載する。
- 企業側の視点に立ち、活躍できる人材であることをイメージさせる。

面接につながる職務経歴書の自己PRとは

あれこれと多くをPRするのではなく一つのエピソードに集約する

履歴書の自己PRでは、仕事への意欲や熱意など、人柄をアピールしても構いませんが、職務経歴書に記入する自己PRは、あくまでも実務能力と関連させる必要があります。職務上の強みをプレゼンするうえで、自己PRは重要な役割を担います。

志望動機と同様に、自己PRは必ずしも職務経歴書に記入する必要はありませんが、職務経験を羅列するだけでは採用担当者に伝わりにくいあなた自身の魅力を伝えるためには有効です。応募企業で発揮できる遂行能力を具体的に分かりやすく自己PRとして記入すれば、採用担当者は会ってみたいと考えます。採用担当者は自己PRから、自社の業務を的確に把握しているか、自社だからこそ入社したい意欲があるかを見極めているのです。

自己PRを書く際は、前職や現職の経験の中からこれだと思う内容を絞り込み、伝えたい結論を最初に記入しましょう。そうすれば、読む人に伝わりやすい文章になります。

自己PRという言葉ではなく、【貴社で発揮できる強み】などの見出しを付け、簡潔に記入する方法もあります。その場合は、多くても5項目ほどに絞り込みましょう。

応募企業が求めている人材を考えたうえで、前職と共通する職務に関連付けて示せば、採用担当者にアピールできる自己PRになります。

ポイント

応募企業で求められている実務能力と合致することを自己PRに記入する。多くをアピールしても採用担当者に伝わりにくいので、絞り込んだうえで、最初に結論を記載し、次に実例を説明する。

会いたいと思わせる自己PR例

システムエンジニア

システムエンジニアとしての設計・開発力、リーダーシップを発揮します。前職においてクライアントとのコミュニケーションを大切にして、設計・開発を行ってきました。その結果、クライアントの期待を裏切ることのない製品を提供できたと自負しております。またチームリーダーとして、チーム全体のモチベーションを高めることに尽力してきました。貴社におきましても短期間で戦力として貢献できます。

システムエンジニアとして携わった案件は、職務経験で記載しているので、自己PRでは仕事への姿勢やマネジメント能力をアピールしましょう。応募企業が求めている職務能力を満たしていることを、自己PRで示してください。

編集職

【貴社で発揮できる強み】

- 書籍の企画、編集から発刊までの経験を生かせます。
- ビジネス書、自己啓発書の著者との人脈があります。
- 編集職の特性を理解しており、残業なども全く問題なく対応できます。
- ビジネス書、自己啓発書で実現したい企画案を持っています。

応募企業が求めている実務能力と合致したものを強みとして箇条書きにすることで、採用担当者は、自社で活躍する人材だと判断します。

自己PR作成のポイント

- 実務能力に関連する自己PRを行う。
- 結論を先に記入し、その後に職務経験の実例を示す。
- 自慢していると受け取られないよう謙虚な姿勢で記載する。
- 複数のアピールをしても伝わりにくいので、1つのエピソードに集約する。

ケースによって異なる職務経歴書の書き方とは

採用担当者の懸念を払拭し、応募企業で発揮できる実務能力をアピール

新卒採用と異なり、中途採用では応募者の状況がそれぞれ異なるので、職務経歴書では、状況に即した書き方が必要です。新卒採用では、社会人経験のない新人として、ビジネスマナーから仕事で必要なスキルまで企業が丁寧に教えますが、中途採用では、未経験だから「教えてもらう」というスタンスでは採用されません。原則として短期間で戦力となる人材が求められています。同職種の企業へ転職する場合は、わざわざ転職する理由について疑問を持たれることもあります。職務経験が短い応募者であれば、自社でもすぐに辞めてしまわないかと思われる場合もあるでしょう。

採用担当者は、応募者の実務能力だけでなく、転職理由や志望動機などから、転職後長く勤務できる人材かどうかといった点について検討します。

過去を必要以上に気にすることはありませんが、現在の状況に応じて、採用担当者の疑問や不安を払拭するアピールを職務経歴書に盛り込む必要があります。短期間で辞めているから採用されない、派遣社員の経験しかないから正社員として採用されないという人は、過去を気にするあまり積極的なアピールができていない場合が多いのです。

採用担当者の疑問や不安をあらかじめ想定し、それらを払拭する内容を盛り込み、会ってみたいと思わせる職務経歴書を作成するために、70ページからのサンプルを参考にしてみてください。

ポイント

採用担当者の不安や疑問を払拭するためには、職務経歴書で問題となる部分についても触れたうえで、これまでの経験を生かしてカバーできる人材であることをアピールする必要がある。

採用担当者の不安・疑問の払拭方法

ケース	採用担当者の不安・疑問	払拭方法
未経験職の場合	戦力になるまで時間がかかる、教える体制が整っていないと不安を抱く。	「教えてもらう」ではなく、自己啓発しており短期間で戦力になることを自己PRや志望動機に記入する。
同職種に転職する場合	前職で何か問題があったのか疑問を持つ。	前職で実現できず応募企業で可能なことを明確に示す。異なる業界であれば、業界への思いを志望動機で示す。
職務経験が短い場合	飽きっぽい、実務能力に問題があるなど、前職に定着できなかった理由に疑問を持ち、自社でも同様にすぐ辞めないかと不安を抱く。	前職で実現できず応募企業で可能なことを転職理由（退職理由）に記載し、今後は長く勤務していく意志を伝える。
職務経験が長い場合	前職への思い入れが強く、自社において新たな気持ちで仕事に取り組めないのではないかと不安を抱く。	実績や評価を示したうえで、新たな企業で新人としてチャレンジしていく姿勢を志望動機、自己PRなどに記入する。
派遣社員だけの経験の場合	勤務時間や休日出勤で問題がないか、帰属意識を持って仕事に取り組めるか不安を抱く。	業務に支障を与えず仕事ができることと、応募企業だからこそ入社したいという意欲を志望動機や自己PRに記入する。
フリーターからの転職の場合	正社員として意欲を持って仕事に取り組めるか、実務能力に問題がないか不安を抱く。	今後の仕事への意欲を示したうえで、アルバイト経験などであっても応募企業で生かせる実務能力を積極的にアピールする。

採用担当者は、応募者のこれまでの経験から、自社で採用して問題がないかを見極めています。採用担当者の不安や疑問を職務経歴書で払拭してください。
あらかじめ採用担当者が抱きそうな不安や疑問を予測したうえで、上記の方法を参考にして、仕事への意欲を示しましょう。

未経験職の場合（販売職→営業事務職）

職務経歴書

20＊＊年＊月＊日

氏名＊＊　＊＊

【経歴要約】

大学卒業後、＊＊百貨店において化粧品販売に携わってきました。店舗では、接客、販売、店舗の売上管理の他、店舗独自の販促ツールをパソコンで作成しています。特にお客様向けに作成したパンフレット「ワンポイントメイクアップ術」は、大変喜ばれております。今後は、店舗内において販促ツールの作成などを行う営業事務の仕事に携わることで、貢献していきたいと考え転職を決意しました。

❶

【職務経験】
＊＊株式会社（20＊＊年4月～現在）
新人研修（20＊＊年4月～20＊＊年5月）
　新人研修では、化粧品基礎知識、メイクアップ技術、接客マナー技術、商品知識を習得しました。
＊＊百貨店内配属（20＊＊年6月～現在）
- 基礎化粧品を中心とした販売業務
  新人売上キャンペーン（20＊＊年9月）5位（新入社員30名中）
- お客様へのメイクアップ施術
  売上に結びつけるため、お客様にメイクアップサービスを実施
- 売上管理（日報・月報・売上見込み表の作成）
- 販促物の作成（店内オリジナルポップ、ワンポイントメイクアップ術、オリジナルDMほか）
- 販売促進（ダイレクトメールの送付）

店舗の課題をスタッフ全員で考えながら改善し、オリジナルの販促ツールを作成して販促活動を行った結果、前年売上を上回る予算を達成できました。本社に送る売上管理資料、勤怠データの作成といった事務業務を、店長とともに行っています。

❷

＜事務職としての強み＞
- ワード、エクセル、パワーポイント、イラストレーターを使用できます。
- 今年の11月の簿記試験（3級）に向けて勉強中です。

【志望動機】

店舗内で売上管理資料や販促ツールを作成し、後方部門としてバックアップしていくことに適性を感じています。事務職においては、現職で培った接客、電話応対などの経験が生かせます。特に貴社の商品は、以前から愛着があり好感を持っておりますので、営業事務職としてぜひとも貢献していきたいと考え志望いたしました。

❸

❶経歴要約で、営業事務に関連する業務を強調する。
❷事務職としての強みを箇条書きで示す。
❸志望動機で、なぜ未経験の職種を希望するのか記入する。

未経験であっても事務職としてのスキルや、自己啓発している内容を具体的に示します。未経験だからできないではなく、前職の経験と関連する職務について積極的にアピールしましょう。

応募職種に必要とされるスキルを明確に示す

未経験の職種を目指す場合、熱意だけでは採用されません。未経験であっても前職の経験を生かして短期間で戦力として活躍できることをアピールする必要があります。

事務職であれば、営業事務、人事、総務、経理など、それぞれ専門性が求められるので、パソコンスキルのほか、専門知識についても自己啓発していることをアピールしましょう。同業界であれば、未経験の職種でも業界知識はアピール材料になりますし、コミュニケーション能力や責任感などは、どの職種にも共通してアピールできます。

Point

▼教えてもらうというスタンスでは採用されない。

▼必要なスキルは、自ら習得すべく勉強していることを示す。

▼「前職の仕事が嫌だから」ではなく、「未経験の職種に就きたい」という意欲をアピールする。

未経験職に応募する際の志望動機の例

OK 現在、総務職として車両管理、在庫、備品管理に携わっていますが、大学時代に勉強したプログラミングの技術を生かして、システムエンジニアを目指したいと考え志望しました。特に、貴社の求人情報に書かれていた「独自性のある開発を常に目指す」という言葉に共感しております。不足しているスキルは、自ら積極的に習得し、短期間で戦力として貢献できるよう頑張ります。

MEMO 未経験であっても、学生時代に勉強したことを生かし、さらに自己啓発していく姿勢は評価されます。面接ではなぜSEを目指さなかったのか質問されるので、回答を準備しましょう。

NG 現在、総務職として車両管理、在庫、備品管理に携わっていますが、単調な仕事で面白くないため転職を決意しました。貴社の求人に、未経験でも可能と書かれていたため、十分な研修を行ってくれると考え、志望しました。

MEMO 前職や現職を否定した志望動機は評価されません。未経験であっても、教えてもらえるからというスタンスでは採用されません。

同職種に転職する場合（経理職）

職務経歴書

20[redacted]年[redacted]月[redacted]日

氏名 [redacted]

【経歴要約】

新卒で入社後、[redacted]株式会社の経理課で売上管理、月次処理業務に携わってきました。支店の売上を正確かつ迅速に処理できるよう、業務上の改善も行いました。今後は経理・財務のスペシャリストとして貢献したいと考えています。

❶

【職務経歴】

[redacted]株式会社（20[redacted]年4月～20[redacted]年[redacted]月）

◆職務内容
- 売上管理・伝票チェック・請求書発行
- 月次処理・年次処理
- 固定資産税、消費税などの税金関連処理

◆成果
支店の売上管理において、ASPを活用し売上情報をパソコンで処理できるよう改善しました。処理時間の短縮に伴い、それまで作成に1カ月を要した売上データなど、営業で必要な帳票類が2週間で作成できるようになり、営業活動により役立つ資料になりました。

❷

◆経理担当者としての強み
- 経理業務全般の経験があります（財務を除く）。
- 決算資料の作成ができます（会計事務所に提出する年次決算関連の書類作成）。
- 財務については現在、書籍を購入し自主的に勉強しています。
- 経理課に配属された新入社員の指導経験があり、リーダーシップを発揮します。

【保有資格】
日商簿記2級（現在1級取得を目指して、勉強しています）
マイクロソフトオフィススペシャリスト（エクセル・アクセス）
（エクセル・アクセスをベースにした資料作成が可能です）

【退職理由】

経理業務だけでなく、将来は財務関係、銀行折衝業務などに携わり、経理のスペシャリストを目指したいと考え退職しました。

❸

❶同職種では、携わってきた実務を積極的にアピールする。
❷成果や実績を示すことで、活躍する人材だとイメージさせる。
❸なぜ同職種で転職したいのかを退職理由や志望動機の欄で具体的に示す。

経理職として求められているスキルや経験を具体的に分析し、経験があることで即戦力として貢献できることをアピールしましょう。志望理由として、応募企業だからこそ入社したいという理由を記載することも有効です。

転職理由では前の勤務先の批判をしない

同職種の転職では、採用担当者は、短期間で戦力になれる可能性を評価する反面、なぜ転職をしたいのか疑問を持ちます。同職種であっても前職では実現できず応募企業であれば可能な職務や、応募企業の業種や経営方針を転職理由として記載し、採用担当者の疑問を払拭することが大切です。

同職種への転職理由として、前の勤務先を批判することは慎みましょう。もっともな内容であっても、書類だけで採用担当者の理解を得ることは難しく、自社に入社しても同様の理由で辞めると懸念される可能性があります。

Point

- ▼実績や評価を記入し、即戦力となる人材であることを示す。
- ▼前の勤務先の批判をせず、応募企業で実現したいことを記入する。
- ▼業界が異なる場合は、業界研究を行い、異業界で貢献したい理由を記入する。

転職理由の例

OK システムエンジニアとして業務委託元企業に勤務してきましたが、今後は、自社におけるシステム開発に携わりたいと考えていましたところ、受発注システムの開発において確固たる地位を築いている貴社の求人を拝見しました。前職で携わった経験を生かし、戦力として貢献したいと考え、転職を決意しました。

MEMO 応募企業の職務が該当すれば、転職理由としては問題ありません。採用担当者はこれまでに携わった案件や実務能力について注目します。

NG 給与が遅配されるかもしれないという噂を聞いて、安定した生活を希望するため転職したいと考えています。多くの社員が辞めたため、残業が多く肉体的にも精神的にも厳しい状況で、すぐに転職したいと思います。

MEMO 事実であっても、厳しい状況で逃げ出す人材だと判断されます。残業が多いなどの転職理由は、書面では理解されないことが多いので、やりたいことの実現などに転化して記入しましょう。

職務経験が短い場合（販売職）

職務経歴書

20[redacted]年[redacted]月[redacted]日
氏名[redacted]

【経歴要約】

大学卒業後、専門店において雑貨の販売に携わり、お客様が求めているものを察知し、適切な商品をおすすめしてきました。雑貨販売に携わることでインテリアに興味を持ち、インテリアコーディネーターの道を目指したいと考え退職しました。今後は、前職の経験を生かしてインテリアの分野で貢献していきたいと考えています。

【勤務先会社名】　[redacted]株式会社　20[redacted]年4月～20[redacted]年[redacted]月

【職務内容】

ビジネスマナー研修、接客研修、業務内容研修受講後、[redacted]店配属。

雑貨店舗[redacted]にて雑貨販売に携わる。
❶

●業務内容
・雑貨の仕入れ　・納品、販売　・販促企画提案、実行

接客マナー、ビジネスマナー、商品知識および業務の流れを研修によって学び、改めてお客様と触れ合う現場の重要性を感じました。お客様との会話から求められている商品を把握し、ご提案させていただくことで売上を伸ばしてきました。


【退職理由】

雑貨を取り扱うことで、インテリアの専門的な知識の重要性を認識し、資格取得とともに、インテリア関連実務の経験が必要だと考えるようになりました。短期間で退職することで会社に迷惑をかけると悩み上司に相談しましたが、最終的には自分のやりたい道を貫くよう、上司からも応援の言葉をいただきました。
❷

【自己啓発】

現在、インテリア関連の知識を身に付けるために、インテリアコーディネーターの資格を取るべく勉強をしております。また、海外のインテリア関連の書籍を読むため、語学力を高めるよう努力しております。
❸

【志望動機】

貴社の求人で、輸入家具販売職を経て、インテリアコーディネーターとして活躍する道が開かれていることを知り、まさに私が目指している仕事だと実感しました。今後は、目標に向かって着実に知識・経験を身に付けながら、貴社で頑張りたいと考え志望させていただきました。

❶ビジネスマナーを習得していることをアピールする。
❷短期間で辞めたことを真摯に受け止め、やりたいことの実現といった前向きな退職理由を記入する。
❸今後は定着する人材だとアピールする。

採用担当者は職務経験が短い応募者に対して、自社でもすぐ辞めるのではと懸念を抱きます。懸念を払拭するためには、前職で実現できず、応募企業だからこそできることを明確にして、キャリアビジョンを実現するための転職であることをアピールしましょう。

短期間で辞めたことを必要以上に気にしない

短期間で辞めたから採用されないと考える求職者がいますが、過去のことを気にしても仕方がありません。短くても前職を経験したからこそ新たな発見があり、やりたいことを目指すために転職を決意したという前向きな理由を説明しましょう。入社前の条件と違うなどの理由で、入社後数カ月で辞めた場合は、簡潔に事実を説明したうえで、やりたいことを明確に記入します。

職務経験でアピール材料がない場合は、ビジネスマナーを習得していることと、応募企業や職種への熱意をアピールしてください。

Point

- ▼前職の経験があったからこそやりたいことが明確になったということを記入する。
- ▼過去を必要以上に気にせず、今後の仕事のスタンスを明確にする。
- ▼ビジネスマナーなど、社会人経験で得たことを記入する。

退職理由の例

OK 機械設計に携わりたいと考え入社しましたが、入社後は製造管理を担当する部署に配属されました。設計部門への異動は、今後長期間見込めないことが分かり、退職しました。入社前にきちんと確認をしなかった私に落ち度がありますが、この反省も踏まえて、今後は、長く勤務し貢献していきたいと考えています。

MEMO 必ずしもやりたい仕事に就けるわけではありませんが、会社批判をせずに、長期間希望する職種に就けないことと、今後への意欲が記載されているので、一定の理解を得られるでしょう。

NG サービス残業が月に30時間以上あり、休日出勤も多いため上司に相談をしましたが、改善の見込みはなく納得できる回答を得られませんでした。入社前の説明では聞いていなかったため会社に不信感を抱かざるを得ませんでした。プライベートも大切にしたいので、短期間でしたが退職しました。

MEMO 事実であっても会社批判として受け取られ、意欲も感じられず、採用担当者は好感を持ちません。会社批判をせずに、やりたいことの実現と関連させて説明する必要があります。

職務経験が長い場合（総務職）

職務経歴書

20[redacted]年[redacted]月[redacted]日

氏名 [redacted] [redacted]

【経歴要約】

経理職経験後、総務職として、株式実務、文書管理、車両管理、固定資産管理を中心とした業務に携わってきました。後方部門として対外的な折衝も多く、社内では部門間のコミュニケーションが円滑に進むよう心掛けてきました。経理経験もありますので、数字に強い総務職としてこれまで培った総務全般の経験を生かし、今後も貢献していきたいと思います。

【勤務先企業】

株式会社[redacted]（19[redacted]年[redacted]月～20[redacted]年[redacted]月）資本金1億8000万円　従業員数250名　建設業 ❶

●職務内容

総務職（20[redacted]年[redacted]月～現在）　20[redacted]年より係長

【文書管理】•各種契約書・申請用紙の管理　•社用印章管理

【車両管理】•社有車管理（損害保険に関わる各種手続き・管理台帳管理・リース会社窓口）

【固定資産管理】•固定資産台帳管理　•減価償却

【設備管理】•什器や備品の購入・管理（全20支店を本社で一括管理）

【就業管理】•人事部と連携を取り、就業規則の改定を実施

【株式実務】•総会事務局（招集通知・議決権行使書の集計・会場設営・議事録の作成・総会決議通知）

●総務職としての実績

- 車両管理に伴う窓口を一本化することで、経費を5％（650万円）削減した。
- 支店単位で行われていた什器備品管理および保守契約を一本化し、経費削減に貢献した。
- 株主総会に関連する一連の業務を事務局として滞りなく実施した。
- 人事部と連携を取り、人件費を増やさず、労働時間の短縮を行い就業規則を改定した。

❷

経理職（19[redacted]年[redacted]月～20[redacted]年[redacted]月）

【経理業務】

- 伝票処理（売掛金・買掛金・請求書）　•予算・実績データ作成
- 固定資産税、消費税等の税金関連処理

●経理職としての実績

- 新入社員として経理課に配属になり、売掛金・買掛金・請求書の発行に携わる。

【転職理由】

業績不振により吸収合併されることが決定したため、退職を決意しました。このことを転機ととらえて、新たな気持ちで頑張りたいと思います。

❸

❶現職を強調したい場合は、現在から過去へさかのぼって記入する。
❷応募企業で生かせる実績を強調する。
❸長く勤務した会社を辞める場合は、必然性のある理由を記入する。

職務経験が長い場合、時系列で記入すると現職が後半になりインパクトを与えられないことがあります。現職を強調したい場合は、現職から過去にさかのぼって記入しましょう。

転職理由と即戦力としての強みをアピールする

職務経験が長いことで高い専門性を身に付けていることを、実績や評価を盛り込みアピールしましょう。長く勤務した会社をなぜ辞めるのか採用担当者は疑問に感じますので、やむを得ない理由または、やりたいことがあることを記入しましょう。

また、在籍期間が長いと自社に入社しても前職への思い入れが強く、新たな気持ちで仕事ができないのではないかと考える採用担当者もいます。応募企業のやり方に早くなじみ、戦力として貢献していく意欲を持っていることをアピールしてください。

Point

- ▼これまでの経験を生かして貢献できることを記入する。
- ▼新たな気持ちでチャレンジする意欲を示す。
- ▼在職中の場合、確実に転職できる強い意志を示す。

自己PRの例

OK 10年間、法人営業、個人営業を経験し、常に前年を上回る実績を残してきました。貴社におきましても、短期間で商品の特徴や販売方法を把握し、戦力として貢献できると確信しております。

NG 特にアピールするものはありませんが、前職で長く勤務してきましたので、どんな企業でも腰を据えて仕事を続けていけると思います。前職でも理不尽なことが多くありましたが、妥協しながら我慢強く勤務してきました。

MEMO 職務経験が長いことで、活躍する人材だとイメージされます。実績は、数値以外に、前年対比や目標達成率でも示すことができます。応募企業の営業手法を習得しようとする姿勢も好感が持てます。

MEMO 自己PRで自慢は禁物ですが、控えめな内容では採用担当者は興味を持ちません。応募企業だからこそ頑張りたいという意欲が感じられません。

派遣社員だけの経験の場合（営業事務職）

職務経歴書

20●●年●月●日

氏名 ●● ●●

■経歴要約

派遣社員として ●● 販売株式会社で、営業事務として3年間仕事をしてきました。営業スタッフの見積書作成、請求書作成のほか、電話応対など、事務全般に携わりました。書類は、間違いがないよう細心の注意を払い作成しました。派遣社員でしたが、既存の資料にとらわれず読みやすい資料を作成するよう心がけ、改善しました。

❶

■派遣先企業

20●● 年 ●月～20●● 年 ●月　●● 販売株式会社

資本金1億6000万円　輸入建材の販売　従業員数150名

（派遣元　●● 株式会社）

❷

■職務内容

◎営業事務職

・見積書、請求書作成　・販売促進資料作成　・旅費・小口精算

・スケジュール管理　・電話応対、来客対応

•事務スキル

見積書、請求書は、エクセルで作成しています。販売促進資料の作成には、パワーポイントを使用しています。読みやすい書類を作成するよう、工夫、改善を行っています。

•仕事の姿勢

お客様からの問い合わせが多く、電話の応対が売上につながることを肝に銘じて応対しました。必要な資料は、売上向上につながるよう迅速に作成しました。

＊期間満了に伴い退職しました。

■保有資格

マイクロソフトオフィススペシャリスト ワード・エクセル（エキスパートレベル）

（現在、アクセスの資格取得に向けて勉強しています）

❸

■志望理由

派遣社員として3年間営業事務職に携わってきましたが、販売促進資料として、読み手の立場を考え分かりやすくインパクトのあるツールを作成することで、売上が向上することを実感しました。今後、事務職のスペシャリストとして貢献していきたいと考えていたところ、貴社の正社員募集の求人を拝見しました。貴社の商品は学生時代から愛用しており魅力を感じております。前職の経験を生かして短期間で戦力となれるよう頑張ります。

❶派遣社員として携わってきた職務を分かりやすく説明する。
❷応募企業で求められる実務を想定して記入する。
❸正社員として戦力となることをアピールする。

派遣社員として携わった実務面の強みをアピールしてください。応募企業で生かせる保有資格もアピールしましょう。今後、正社員の事務職として貢献していきたいという意欲を示すことが大切です。

実務能力と仕事への意欲をアピールする

正社員の中途採用で採用担当者は、実務能力とともに会社への帰属意識を見極めています。応募者は、企業が求める実務能力を分析し、派遣社員として培った実務能力と合致する部分を強調してください。併せて勤務条件に問題がないことと、会社発展のために頑張る姿勢を示しつつ、「応募企業だからこそ」の理由を明確にしましょう。

派遣社員の採用では、有期雇用のため会社への思いより実務面を重視し、正社員の採用では、実務面と同等に企業への思いを重視するという違いもあります。

Point

- ▼求められる実務能力があることを記入する。
- ▼応募企業だからこそ入社したいという帰属への意欲も明確にする。
- ▼応募企業で発揮できるキャリアプランを説明する。

志望理由の例

OK 以前から、正職員として大学職員の仕事に就きたいと考えていましたが、貴校の募集を拝見し、親身に学生をサポートする学風に大変共感しました。前職で派遣社員として経験した、オープンキャンパス運営や学生課における事務職経験を生かして頑張りたいと考え志望しました。

MEMO 大学職員への思いと経験が記載されており、大学で活躍する姿がイメージできる志望動機です。派遣社員として経験したことも応募企業で生かせる職務であれば積極的にアピールしてください。

NG 派遣社員として勤務してきましたが、契約が打ち切られてしまいました。貴社の正社員募集の求人を拝見し、正社員であれば長く勤務でき、安定した生活が送れると考え志望しました。

MEMO 長く勤務できる、安定しているといった理由だけでは、採用担当者は好感を持ちません。今までの経験を生かして活躍できることを記入する必要があります。

フリーターからの転職の場合

職務経歴書

20＊＊年＊月＊日
氏名＊＊　＊＊

【経歴要約】

コンビニエンスストアで、アルバイトとしてレジ業務、商品発注、商品陳列などを行いました。フルタイムで勤務し、店長不在時は、売上管理やクレーム対応も行いました。今後は、これまで培った販売経験を生かし、正社員の販売職として売上に貢献していきたいと思います。

❶

【職務経験】

株式会社＊＊（アルバイト）《20＊＊年＊月〜20＊＊年＊月》
＊コンビニエンスストア＊＊のフランチャイズ店を3店舗経営
＊＊店勤務
・レジ業務　・商品陳列　・店内清掃　・新人スタッフトレーニング
・商品発注　・売上管理（店長不在時）　・クレーム対応（店長不在時）

＊アルバイトでしたが、新人スタッフのトレーニングや、店長不在時は売上管理、クレーム対応も行いました。

＊24時間営業のため、シフト制で深夜帯も勤務しましたが、時間帯によってお客様の購入商品も異なります。欠品がないよう仕入れを行い、陳列方法を時間帯で変えることで売上を伸ばしました。

＊接客マナーについてスタッフ同士で気がついた点を指摘し合い、レベルアップするよう努めました。「いつもありがとうございます」と常連のお客様に一声かけることを、全スタッフで行いました。

❷

【自己PR】

向上心と責任感を持って仕事に取り組みます。

コンビニエンスストアにおける勤務を通じて、販売職としての基本的な接客からバックヤード業務まで多くのことを学びました。アルバイトでしたが、競合店に負けない接客を行い、商品陳列も工夫、改善した結果、前年対比で売上を伸ばすことができました。


【自己啓発】

販売職の正社員として仕事に就きたいため、ビジネス関連の書籍を月に3冊読んでいます。また、独学ですが、エクセルの勉強もしています。

❸

❶アルバイトであっても、応募職種で生かせる実務経験があることをアピールする。
❷正社員として求められる仕事への意欲を示す。
❸不足しているスキルは、自己啓発していることを示す。

アルバイトでも、職務経験としてアピールできる材料はあります。「コンビニエンスストアでアルバイト」と1行で終わらせず、職務経験を掘り起こし積極的にアピールしましょう。

過去を気にせず、積極的に売り込む

採用担当者は、フリーターの経験しかない応募者に対して帰属意識や仕事への責任感といった面で正社員として勤務できるか懸念を抱きます。応募者は、それを払拭するために職務で生かせるアルバイト経験や、応募企業で活用できる自己啓発なども記入しましょう。今さら正社員経験がないことを気にしても始まりません。

正社員では、残業や休日出勤を求められることもあります。それを理解したうえで、応募企業で正社員としてまじめに仕事に取り組む姿勢を示しましょう。

Point

- ▼正社員としての仕事への意欲を示す。
- ▼応募企業で生かせる実務経験や自己啓発をアピールする。
- ▼仕事への責任感など、採用担当者の懸念を払拭するアピールを盛り込む。

自己PRの例

OK 相手の気持ちをくみ取り、期待以上の満足を提供します。前職では、携帯電話の販売を行いましたが、お客様のご要望をお聞きし満足していただける商品をご提案することで売上を伸ばしました。商品知識を習得したうえで、お客様のニーズを満たす商品を的確にご紹介してきた結果だと思います。

MEMO アルバイトであってもまじめに仕事に取り組み、成果を出してきたことがイメージでき、販売や営業職として生かせると考えてもらえるでしょう。職務内容欄に売上実績を示しましょう。

NG 好きなことには打ち込みます。大学卒業後も劇団に所属し、将来を夢見て演劇活動に打ち込んできました。生活が苦しく演劇を続けるのが難しくなり、未練がありますが、正社員の仕事でも演劇と同様に頑張ります。

MEMO 仕事は好きなことだけではありません。「未練がありますが」という記述から、採用担当者は定着しない応募者だと考えます。

リストラからの転職の場合

職務経歴書

20＊＊年＊月＊日
氏名＊＊　＊＊

【職務経歴】
＊＊株式会社（20＊＊年＊月～20＊＊年＊月）
企業向けシステムの設計・開発　　資本金1000万円　従業員30名　年商6億円

◇担当業務
企業向け、給与計算・勤怠管理システムの設計
＊従業員数500名以上の企業における独自の給与・勤怠システムの設計

◇実績
外食系企業（従業員1500名）
＊全店舗120店の勤怠管理を本部で行うシステムを開発し、人件費速報を抽出できる仕組みを構築した。

アパレル系企業（従業員600名）
＊アルバイトを含む複雑な勤務体系を管理できる勤怠システムを構築し、給与計算をそれまでの2分の1の時間で実施できるようにした。

開発言語　C／C++

◇退職理由
売上が減少し業績不振に陥ったため、会社都合により退職。❶

❷
【自己PR】

クライアントの要望を的確に判断したうえで、設計・開発を行います。専門的な知識がないクライアントが多い中で、分かりやすく説明し運用できるまでフォローを行います。チームとして仕事をすることが多く、アパレル系企業の案件ではサブリーダーとして業務を遂行しました。


【志望理由】

前職では、業績不振により退職しましたが、このことを好機としてとらえて、新たな気持ちでシステムエンジニアの仕事をしたいと考えていたところ、店舗向けシステム開発を中心に行っている貴社の求人を拝見し、前職で培ったシステム設計の経験を生かして貢献できると考え志望いたしました。
❸

❶業績不振など、簡潔に理由を記入する。
❷応募企業で発揮できる強みを自己PRとして記入する。
❸志望理由は、会社都合の退職でも前向きな姿勢を示す。

リストラで転職する場合でも、現状を受け止めたうえで新たな気持ちでチャレンジしていくという姿勢を示してください。採用担当者は、自社で生かせる人材だと思えば、リストラについてそれほど気にしません。

会社都合の退職だけでは、疑問を抱かれる

採用担当者は、リストラで退職した応募者に対して、その経緯を聞きたいと考えます。業績不振などのやむを得ない人員削減であれば、業績不振により希望退職に応じたなど、その経緯を記入してください。前職の不平や不満を記載しても、採用担当者は興味を持ちません。

リストラは予期せぬことであり動揺する求職者も多いのですが、気持ちを切り替え、応募企業で貢献したいという姿勢を示しましょう。心機一転で頑張る姿勢と、応募企業で発揮できるスキルや経験をアピールすることを心掛けてください。

Point

- ▼気持ちを切り替え、応募企業への熱意と意欲を示す。
- ▼業績不振による人員削減など、理由を簡潔に記載する。
- ▼売りとなる実務能力をアピールする。

退職理由の例

OK 業績不振による企業再構築のため人員削減が行われました。10年間勤務してきた会社だけに残念な思いもありましたが、このことを好機ととらえて心機一転、頑張りたいと考え、希望退職に応じました。

MEMO 業績不振による業務縮小や人員削減が理由であれば、退職理由はそれほど問題になりません。採用担当者は、自社への熱意や、前職の経験を生かして貢献したいという意欲を見極めています。

NG 会社の業績が悪いということで、退職するよう命じられました。辞めない社員もいる中で、何で自分がという気持ちで納得できませんでしたが、退職金が割り増し支給されたため、仕方なく辞めました。

MEMO 会社への不平や不満があるように感じられる文面では、自社に入社しても意欲的に頑張る人材だとは評価されず、採用担当者は好感を持ちません。

ブランク期間が長い場合

職務経歴書

20＊＊年＊月＊日
氏名 ＊＊ ＊＊

【経歴要約】

大学卒業後、＊＊株式会社へ入社し経理職として勤務後、公認会計士を目指し、勉強に集中するため退職しました。残念ながら結果は出ませんでしたが、当初より3年間と決めていましたので悔いはありません。ブランク期間中に簿記1級を取得しましたので、今後は前職の経理経験と会計業務の知識を生かして、企業における経理職として頑張ります。

❶

< 職務内容 >
＊＊株式会社（20＊＊年＊月～20＊＊年＊月）
経理職
・請求書発行業務　・仕訳業務
・入金・出金伝票チェック　・月次決算業務
・小口精算業務　・経営資料作成　・決算資料作成
実績
・経理事務として、正確かつ迅速な業務を行ってきました。
・月次決算前に速報を作成し、営業戦略に役立つ資料として評価を得ました。
・役員会議で使用する経営資料を作成しました。
・新入社員に対して経理業務についてOJT研修を行い、短期間で戦力となりました。

＊退職後のブランク期間について
・公認会計士試験に向けて、専門学校へ通いました。
・簿記1級を取得しました。

❷

【保有資格】
日商簿記1級
普通自動車運転免許

【自己PR】

経理業務全般に精通しており、即戦力として貢献できます。前職では、請求書発行から決算資料作成まで経理業務全般に携わっていました。退職後学んだ会計知識についても、今後役立つものと考えています。

❸

❶仕事について前向きに取り組む姿勢を示す。
❷退職後のブランク期間について記入する。
❸応募企業で貢献できる内容を記入する。

退職後のブランク期間中に、資格が取得できなかった場合、採用担当者は、再びチャレンジするのではと考えます。応募企業で必要な資格であれば問題ありませんが、独立系の資格であれば、取得後、独立するのではと懸念を抱かれますので、きっぱりあきらめたと説明しましょう。

ブランク期間について、業務に支障を与えないと記入する

採用担当者は、長期間のブランク（離職期間）がある応募者に対して、仕事の勘が鈍っている、仕事への意欲がないなどと判断し、即戦力として期待しづらいと考えます。また、長期間転職できない原因が何かあるのではないかと不安を抱くので、自己啓発など、ブランク期間に行ったことを記入しましょう。

病気やけがが理由である場合、今後の業務に支障がなければ、「現在は回復し、業務に全く支障を与えません」と記入してください。6カ月以上のブランクがあれば、理由を明記すべきでしょう。

Point

▼病気やけがは、現在は業務に支障を与えないと記載する。

▼ブランク期間中に行っていた自己啓発などについて記入し、離職中も就業意欲を持っていたことをアピールする

ブランク期間についての例

OK 前職退職後、10カ月のブランク期間がありますが、転職活動と並行して、社会保険労務士になるための勉強をしてきました。試験は残念な結果になりましたが、勉強した労働基準法や社会保険、年金関係の知識は、今後の業務で生かせると考えています。

MEMO ブランク期間に習得した知識を具体的に記入し、応募企業で活用したいという姿勢は好感が持てます。採用担当者は、自社で活用できる知識を習得したということで長期のブランクに対しても理解を示します。

NG 前職退職後、継続して転職活動を行っています。50社以上応募しましたが採用には至りませんでした。厳しい雇用情勢なので仕方がないと考えています。一生懸命頑張ってきましたが、いつの間にか1年6カ月経過してしまいました。

MEMO 雇用情勢は理解できるものの、どの企業でも採用されなかった人材だとイメージさせます。転職活動とともに自己啓発してきたことがあれば記入しましょう。

採用につながる添え状とは

ネガティブな印象を良くする目的として活用できる

　添え状は、応募書類を送付するときにあいさつ状として添付します。採用担当者は、添え状の記載内容に目を通します。

　添え状の第一の役割は、送付物の内容について明記する送り状ですが、同時に応募企業で発揮できる強みなどを記入し、アピールすることができます。ただし、過度な熱意や詳細な職務経験を記入すると、なぜ履歴書や職務経歴書に記入しないのかと疑問を持たれ、逆効果になることもあるので注意してください。自己ＰＲを前面に打ち出したい場合は、添え状とは別に自己ＰＲ書を添付するか職務経歴書の中で記入すべきです。

　ブランク期間が長い、前職を短期間で退職している、募集をしていない企業に応募するなど、応募に当たって不利な条件がある場合は、添え状で採用担当者の不安を払拭できるかもしれません。添え状でこれまでの経緯や今後のスタンス、志望動機などを簡潔に説明し、不利な状況の打開を目指しましょう。

　ビジネス文書なので、横書きで、ワープロで作成しても構いません。文章は敬体（です、ます）で記載し、職務経歴書と同様のＡ４サイズで作成しましょう。

　添え状は、面接などで採用担当者に配布される書類ではないので、伝えたい内容は履歴書や職務経歴書にも記入するようにしてください。

ポイント

応募書類を持参する場合は必要ないが、送付する場合は、送り状として添え状を添付する。添え状で印象を良くし、アピールもできるが、あくまでも補助的なものと理解しよう。

添え状サンプル（職歴が短い場合）

[redacted]株式会社　　　　　　　　　　　　　　　　20[redacted]年[redacted]月[redacted]日
採用ご担当[redacted]様

〒[redacted]
東京都[redacted]
氏名　[redacted]
電話・FAX　[redacted]
メールアドレス　[redacted]

[redacted]応募の件

拝啓　[redacted]の候、貴社ますますご隆昌のこととお慶び申し上げます。

このたび、貴社の求人募集を拝見し、ぜひとも営業事務職へ応募したく、書類をお送りさせていただきます。

私は、前職では法人営業として1年間勤務しました。営業職としての仕事のほか、販促ツールや営業資料の作成を行う中で、営業をバックアップする営業事務の仕事に適性があると考え退職しました。❶

営業事務としてのスキルを高めるために、パワーポイント、アクセスの資格を取得し、簿記の勉強をしております。❷

今後は、営業の皆さまが、売上をより伸ばすことができるよう、親身なサポートとバックアップを行い貢献していきたいと考え、応募させていただきました。

つきましては、必要書類を送付いたしますので、ご査収のうえ、ぜひ面接の機会をいただけますようお願い申し上げます。

敬具

記

同封書類	
1. 履歴書	1通
2. 職務経歴書	1通

❸

以上

❶ 短期間で退職した理由を、簡潔に記入する。
❷ 応募職種に関連する自己啓発を、簡潔にアピールする。
❸ 同封書類を明記する。

短期間で退職した理由を簡潔に記入します。言い訳にならないよう注意し、応募企業で発揮できるスキルや経験を簡潔にアピールしてください。同封書類も必ず明記しましょう。

好印象を与える応募書類の提出方法とは

応募者の思い入れとビジネスマナーが伝わる

応募書類を送付する場合、提出について特に指示がなければ、どのような形式で送付しても間違いではありません。ただし、ただ送ればいいという考えでは、熱意は伝わりません。

添え状、履歴書、職務経歴書を送付する場合、定形の封筒では、折る必要があるため折り目がついて読みにくくなってしまいます。A４サイズが入る定形外の封筒を使用すれば、書類に折り目がつかず読みやすいだけでなく、読み手への配慮ができる応募者だと採用担当者は考えます。さらに、クリアファイルに入れて送付すれば、書類が汚れず好感を持たれます。

送付物の重量にも注意が必要です。郵便料金が不足していると、ビジネスマナーに欠ける応募者だと判断され、戻されてしまう可能性もあります。間違いがないように郵便局で重量を確認したうえで送付するといいでしょう。

あて名は、ビジネス文書ですから横書きで構いませんが、企業や部署あてに送付する場合は、最後に「御中」と書き、個人名であれば、「様」とし、御中は必要ありません。封筒に応募書類在中と書いて送付してください。

締め切り日が指定されていなければ、普通郵便で構いませんが、締め切りに間に合わない可能性がある場合は、宅配便や速達で送付し、必ず期日までに届くようにしましょう。

ポイント

期限に間に合うように送付することが原則だが、書留で送付するのは、採用担当者の手を煩わせるので避けよう。

封筒の書き方と提出のマナー

封筒の書き方

- 住所は、都道府県から正確に記載し、社名は(株)などの略字を使わない。
- ビジネスマナーに則り、あて名を書く。
- 封筒の表面左下に、「応募書類在中」または「○○職応募書類在中」と記す。
- 封筒の裏面に自分の住所、氏名を記す。

OK

会社、部署あて
に送付する場合

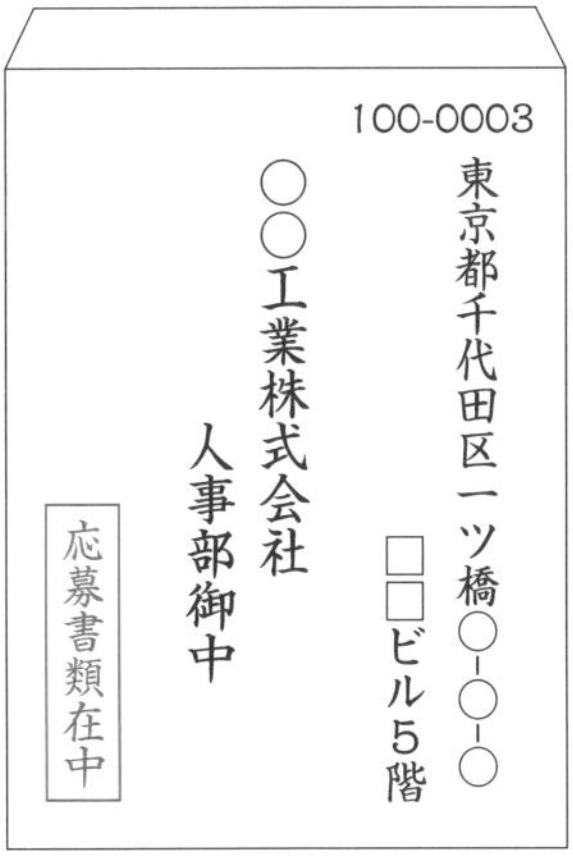
100-0003
東京都千代田区一ツ橋○-○-○
□□ビル5階
○○工業株式会社
人事部御中
応募書類在中

個人あて
に送付する場合

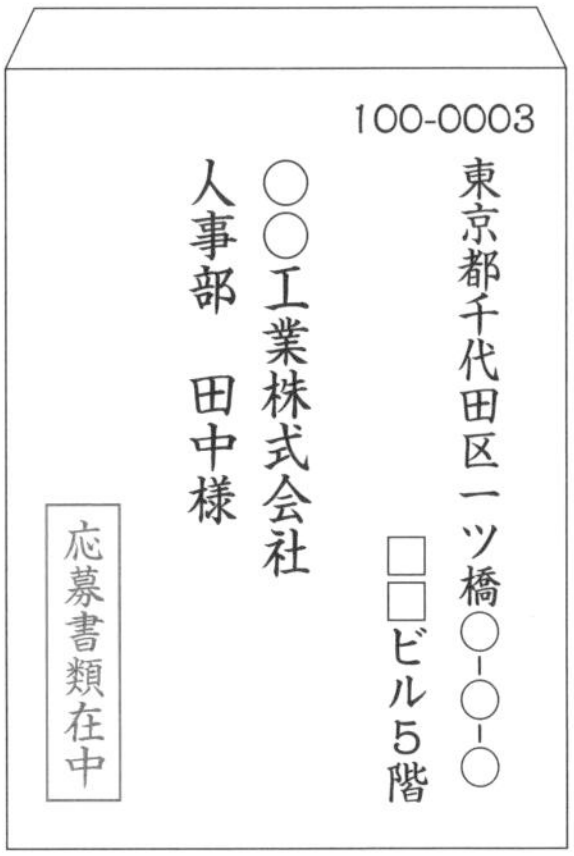
100-0003
東京都千代田区一ツ橋○-○-○
□□ビル5階
○○工業株式会社
人事部　田中様
応募書類在中

NG

「○○株式会社　人事部御中　○○様」
「○○株式会社御中　○○様」

「御中」と「様」を併用しないこと!

提出の際のマナー

- 定形外の封筒を使用し、クリアファイルに入れて送付する。
- 郵便料金が不足しないように注意する。
- 期限が決められている場合は、確実に期限内に届くように送付する。
- 急ぐ場合は、宅配便や速達で送付する。
- メールの連絡が可能であれば、送付したことをメールで知らせる。

今さら聞けない疑問③

記載したくない職歴があるときは?

履歴書や職務経歴書は会社へ提出する正式な書類なので、偽りを記入すると職歴を詐称したと判断され、場合によっては解雇の対象になることがあります。記載したくない職歴を書く・書かないは、応募者の判断で構いませんが、面接などで偽りだと判明した際に、問題になるので注意しましょう。

特にアピールしたくない職務経験は、記載しない、もしくは簡潔に記載すれば問題ありませんが、前職退職後に短期間で辞めた会社があり、会社名を記載したくない場合、慎重に検討する必要があります。原則としては、短期間であっても勤務したわけですから記載すべきです。あえて履歴書や職務経歴書に記載せず、面接でブランク期間について問われて偽りの回答をすれば、職歴の詐称に該当します。こういった場合、理由を簡潔に説明し、短期間で辞めたので記載しなかったと回答するようにしましょう。

面接でブランク期間について質問されず内定をもらい、内定後いつか判明するのではと悩む求職者がいます。短期間であっても、雇用保険や社会保険に加入していれば入社後に判明する可能性がありますし、税金関係で応募企業へ問い合わせがあることもあります。後々悩むくらいなら、あらかじめ簡潔に説明し、過去の事実は事実として記載、もしくは説明したうえで、応募企業で発揮できる強みをアピールし、入社後の活躍に注目してもらうようにしましょう。

ポイント

- 記載する・しないは、原則応募者の判断に委ねられる。
- 記載していない部分について問われた場合は、事実を述べる。
- 記載しなくても、後々判明する可能性がある。
- 書類には記入せず、面接で説明する方法もある。
- 過去にこだわらず、応募企業で発揮できる強みを積極的にアピールする。

短期間で辞めた企業などを記載する・しないは自由ですが、記載せず内定をもらい、後々悩む人がいます。十分考えてください。

第4章

「採用したい!」と思わせる面接テクニック&回答例

無事に書類選考を通過したら、いよいよ面接です。
本章では、面接に臨む心構えから、
定番の質問や答えにくい質問への答え方、
面接担当者への質問の仕方まで、
サンプルを基に説明していきます。
とにかく面接担当者に「この人と一緒に仕事がしてみたい」
と思わせれば転職活動は成功したも同然。
最後まで気を抜かずに頑張りましょう。

面接とはどんなことをする場なのか

短期間で戦力となるか？自社に合う人材か？

面接担当者は、応募者の職務経験から、自社で求めている能力に見合ったものがあるかどうかを見極めています。自社で求める能力と異なれば、面接担当者は興味を示しません。提出された履歴書と職務経歴書、そして応募者の回答を基に、求めている実務能力があるのか否かを判断し、書類の内容の信ぴょう性をチェックします。

転職では、「売り」となる職務経験や仕事への意欲を自ら売り込まなければなりません。面接担当者が良いところを見つけてくれるわけではないので、自らをしっかりとアピールする必要があります。また、実務能力だけでなく在籍社員とうまくやっていけそうか、入社時期は問題ないか、待遇面で折り合いがつくかなど、人間性や条件面についても見られています。

また、面接で採否を決めるのは企業側ですが、ただ選別されているといった受身の姿勢は好ましくありません。今までの経験をアピールしながら、謙虚さを忘れずに面接担当者と交渉するイメージで臨んでください。そのためには、応募者は事前にしっかり自己分析を行い、企業にどのような貢献ができるかをプレゼンすることが大切です。

面接担当者にとって面接は、応募者の強みを自社で生かせるかどうかを見極める場です。面接担当者が興味を持ちそうな回答をして、応募企業で活躍できる人材であることをアピールしてください。

ポイント

面接では、これまでの職務経験が企業側の求めているものと一致しているかどうかが見極められる。実務能力だけでなく、仕事への意欲や在籍社員との協調性といった人間性も重視される。

面接の目的とは?

何のための面接か――。面接担当者は以下の点を見極めようとしています。

求める実務能力があるか

- 履歴書、職務経歴書に記載されている内容に信ぴょう性があるかを確認。
- 回答から、自社で求める実務能力があるかを確認。

在籍社員とうまくやれるか

- 態度、表情、語調から協調性を確認。
- 圧迫面接によって、または退職理由から、性格やタイプを確認。

仕事への意欲はあるか

- 前職の仕事への取り組み方から仕事に対する姿勢を確認。
- 自己PR、志望動機から今後の仕事への意欲を確認。

将来像を描いているか

- 志望動機、自己PRから、仕事に何を求めているかを確認。
- キャリアプランから自社でかなう将来像を確認。

自社への思い入れはあるか

- 企業研究、業界研究から、自社への思い入れを確認。
- 志望動機から自社だからこそ入社したいという意欲を確認。

ONE POINT

実務能力を知るだけなら、書類や資格だけでも一定の判断ができます。しかし、応募者の仕事への意欲や自社への思い、自社の社風や在籍社員とうまくやれる人材かどうかを見極めるためには、書類だけでは判断できず、面接が必要になるのです。

面接では、実務能力だけでなく、仕事への意欲や、仲間として働きたい人材かどうかを、見極められます。

新卒採用とはこんなに違う中途採用の面接

中途採用の面接では、現在の貢献度が求められる

新卒採用と中途採用では採用担当者の視点が異なるため、面接でのアピール方法も違います。新卒採用の面接では、応募者は社会人経験がないことが前提となるため、学生時代に行ったことや仕事への適性、自社への入社意欲、将来への期待から採否が判断されます。一方、中途採用の面接では、応募者の職務経験が重視されます。したがって、たとえ未経験の職種への転職であっても「教えてもらう」といった受身の姿勢ではなく、これまでの経験を生かして、不足しているスキルや知識は自ら習得していくというぐらいの熱意が必要です。

新卒採用では、会社説明会やセミナーで会社の状況、業界動向、具体的な職務などについて詳しく説明してくれますが、中途採用では、中には会社説明会を行う会社もありますが、多くの場合、応募者自身が企業研究、業界研究などを行う必要があります（通常、面接で会社の概略や仕事内容についての説明はあります）。

また、中途採用では、経理や人事、営業といった、職種を限定した募集が多く、面接においても、応募者は一人前のプロとして扱われます。前職までの経験をうまく生かして短期間で戦力となる人材かどうかが見極められます。研修が充実している、指導をしてもらえるといった受身の姿勢ではなく、たとえ未経験であっても、積極的に仕事に貢献できる姿勢で臨みましょう。

ポイント

中途採用面接では、企業が求める人材を分析したうえで、自分はプロとして応募企業に貢献できる人材であることをプレゼンすること。多くの企業は、集団面接ではなく、個人面接を行う。

新卒採用と中途採用の面接の違い

	新卒採用面接	中途採用面接
面接担当者の採用ポイント	適性・仕事への意欲。将来への期待度。	実務能力・仕事への意欲。即戦力としての期待度。
入社時期	原則として4月。	原則として内定後1～3カ月。
企業情報	会社説明会・セミナー・リクルーター・学校。	原則として自ら研究し、疑問点は面接時に確認。
面接形態	1次面接では集団面接を実施する企業が多い。	個人面接が主流。
内定までの期間	1次面接から役員面接まで長期間になる場合がある。	数週間から長くても1カ月程度。
志望動機	学生時代の経験、適性、将来の夢。応募企業への憧れ。	職務経験を生かして応募企業に貢献したいという意欲と熱意。
退職理由	社会人経験がないため問題にしないが、アルバイトなどの辞め方をチェックする企業はある。	円満に辞めているか、人間関係や実務能力が劣っているための退職でないかなどをチェックされる。
自己PR	学生時代の事例を引用。	原則として前職の職務経験の事例を引用。
その他の質問	仕事への意欲、協調性、職種への適性、将来の夢を問う質問が行われる。	実務能力、仕事への意欲、キャリアプランなどに対する質問が行われる。
未経験の仕事について	社会人経験がないので問われない。	前職の経験が考慮される。
ビジネスマナー	あいさつなどは重視されるものの、入社後研修を行う企業が多いため、それほど問題にならない。	あいさつ、文書作成、対人関係などのビジネスマナーがチェックされる。
待遇面	原則として同条件のため、希望給与の質問はない。	年齢、経験、能力により異なるため、希望給与について確認される。

中途採用の面接は、仕事のプロとして行われるため、実務能力、キャリアプラン、転職理由、希望給与などが問われます。
質問の意図を理解したうえで回答することが、面接成功のポイントになります。

面接担当者はどこを見ている？
面接の心構え

面接担当者のチェックポイントを知り「求められている回答」を考えよう

応募者は面接の短い時間で、応募企業が求める実務能力や人物像に合致していることをプレゼンする必要がありますが、面接担当者の視点を理解せず、やみくもにアピールをしても採用にはつながりません。

また、面接では、実務能力だけでなく人物像もチェックされています。例えば、入退出時のあいさつ。覇気がなければ、仕事への意欲もないのではと不信に思われるかもしれません。転職理由で単に前の会社の批判や悪口を言えば、それが事実であっても、面接担当者は自社に入社しても批判的になる可能性があると考えるでしょう。また、回答内容が立派でも、暗記してきたことを読み上げるような話し方だと、信ぴょう性を疑われることもあります。あるいは、好印象を抱き採用したいと考えても、希望給与で全く折り合わないようでは、採用には至りません。

このように面接担当者の視点には、あらゆる場面でチェックポイントがありますが、最終的には応募者とのコミュニケーションを通じて採否を判断します。コミュニケーションを円滑にさせるには、事前に「自分が面接担当者だったら、どういう人と一緒に働きたいか」をイメージし、その姿に近づく努力をしておくことです。応募企業に入社した自分が活躍する姿を想像しながら、面接に臨めば、うまくいくはずです。

ポイント

数十分の面接時間で面接担当者は、求める人材にふさわしいかどうかをあらゆる角度から見極めている。面接担当者の視点で質問の意図や、チェックポイントを考えると対応策が見えてくる。

面接のチェックポイント

立ち居振る舞い

- ドアのノックなど、ビジネスマナーを心得ているか。
- あいさつがきちんとできるか。
- 氏名を名乗る際、声のトーン、語調からやる気を感じるか。
- 清潔感があり好感が持てるか。

これまでの仕事について

- 生かせる経験を把握して説明しているか。
- 実績や評価を盛り込んで回答しているか。
- 職務経歴書の内容と差異がなく、信ぴょう性があるか。
- 異業種や未経験であっても生かせる職務経験があるか。

転職理由・退職理由

- 転職理由が、現状からの逃避ではなく目的を持っているか。
- 前の会社の批判や悪口ばかりを語っていないか。

志望動機

- あいまいな表現ではなく、自分の言葉で語っているか。
- これまでの職務経験と関連性のある志望動機か。
- 自社だからこそ入社したいという理由が明確か。

自己PR

- 職務経験に基づく内容か。
- 自社で生かせる具体的な強みを語っているか。

諸条件

- 待遇面・労働条件で問題がないか。
- 入社時期に問題がないか。

態度・表情

- 視線を面接担当者に向けて話をしているか。
- 明快に分かりやすく語っているか。
- 語尾、語調に違和感がないか。
- 相づちを打って話が聞けるか。

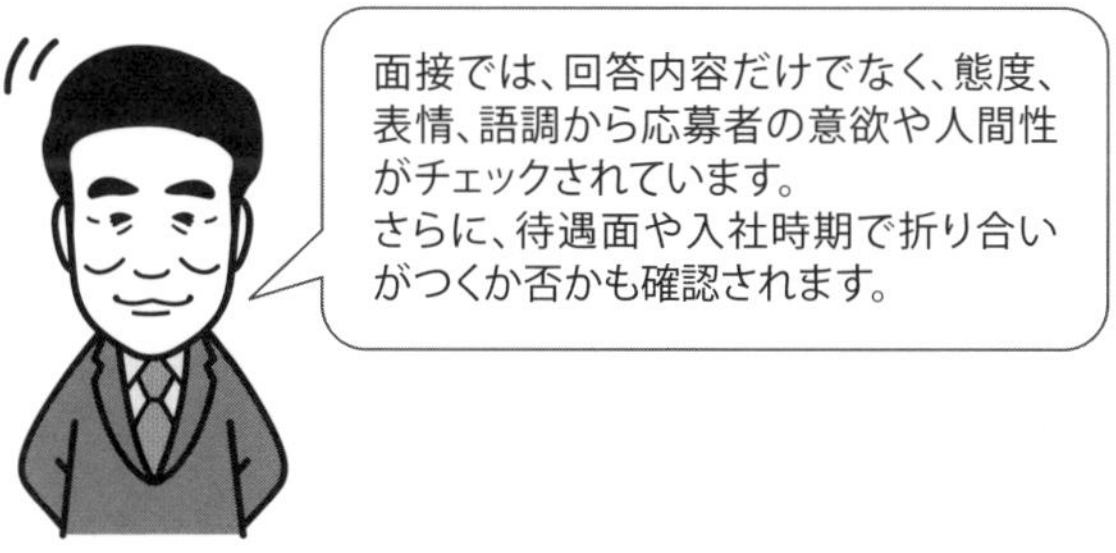
面接では、回答内容だけでなく、態度、表情、語調から応募者の意欲や人間性がチェックされています。
さらに、待遇面や入社時期で折り合いがつくか否かも確認されます。

好印象を与える面接トレーニング

面接担当者に与える第一印象を侮ってはいけない

模擬面接を行うと、覇気のないあいさつをする人が多いことに驚かされます。「失礼します」とドアをノックしたときのあいさつで、面接担当者は初対面の応募者に対してイメージを抱きます。面接担当者は応募者を第一印象だけで判断してはいけないと理解はしているものの、最初に受けた印象を重視する傾向があります。つまり、第一印象が悪いと面接担当者に先入観を持たれやすく、その後の面接でリカバリーすることが難しいのです。逆に、良い第一印象を与えることができれば、面接の回答も良い方向に受け取ってもらえ、採用につながるケースもあるということです。

さらに、応募者は面接担当者に好感を持つことも大切です。そうすることで面接担当者も応募者に好感を持ちます。人間関係は「鏡」なのです。

また、せっかく回答内容を事前に用意しても面接担当者に好印象を与えられないとしたら、原因は声のトーンや語調にあるのかもしれません。早口で回答すれば、覚えてきた回答を暗唱している、語尾があいまいであれば、回答に自信がないと受け取られてしまうのです。面接では、回答内容とともに応募者が与える印象が、採否の重要なポイントとなるので、好印象を与えるトレーニングとして、左ページに紹介する、姿勢、表情、発声、イメージトレーニングを、鏡の前で恥ずかしがらずに実践しましょう。

ポイント

回答内容が優れていても、面接担当者に好印象を与えなければ採用には至らない。表情、姿勢、語調をチェックし、十分にイメージトレーニングを積んだうえで面接に臨むようにしよう。

好印象を与える面接トレーニング

◆姿勢トレーニング

椅子を用意して行います。

①背筋を伸ばす。
＊背中にものさしが入っているイメージで、胸を張り、肩を落とさずあごを引く。

▼

②背筋を伸ばしたまま、35度の角度でお辞儀をする。

▼

③背筋を伸ばした状態で、椅子に向かって歩く。

▼

④椅子に座る。お腹に力を入れて前かがみにならない。

▼

⑤背筋を伸ばし、顔は正面を見る。

◆表情・発声トレーニング

鏡で自分の表情をチェックしながら行います。

①口角を意識して上げる。(30秒間持続→5秒休み→30秒間持続)

▼

②「アエイオウ」と腹筋に力を入れて明瞭に発声する。(10回)

▼

③入室時を想定し、立った姿勢で目を見開き、口角を上げて「失礼します」とお腹から声を出す。(5回)

▼

④次に口角を上げた表情で、目を見開き歯切れの良い声で氏名を名乗る。「〜と申します。よろしくお願いいたします」(3回)

▼

⑤口角を上げた状態で、面接担当者の話を聞いているつもりで相づちを2回打つ。

◆イメージトレーニング

日ごろの対人関係でも、相手に好感を抱くように接する

●厳しそうな面接担当者でも、実は思いやりがあり、温かい人だとイメージする。
●忙しい中、自分のために時間を割いて面接をしてくれることに感謝する。

応募企業で活躍する自分の姿を想像する

●生き生きと働く自分をイメージする。
●素敵な仲間に囲まれ頑張っている自分をイメージする。

1次面接、2次面接、役員面接の違い

1次、2次では実務能力・適応力を、役員面接では会社への思いを確認する

中途採用では、形式にとらわれず1次でいきなり役員が面接をして決まる場合もありますが、通常は、1次面接→2次面接→役員面接と進んでいきます。1次面接は、採用担当者と配属部署の社員を中心に行われ、求める実務能力があるか、通勤時間、労働条件、入社時期に問題がないか、基本的なビジネスマナーを心得ているかなどが確認のポイントになります。

2次面接では、採用担当者と配属部署の責任者が同席し、1次面接と同様に実務能力や適応力を中心にチェックされます。実務能力では、1次面接より詳細な質問をされることもあります。

役員面接は、1次、2次の面接担当者から報告を受けたうえで行われるケースが多く、1次、2次の面接担当者が同席することもあります。役員クラスの面接では、会社への思いを見極めるために、なぜ当社なのかという質問に対する明快な回答が求められます。また、キャリアプランについての質問をされることがあるので、応募企業で達成できることを踏まえたプランを回答しましょう。

なお、1次面接の質問と同様の質問を2次面接、役員面接で受けた場合、基本的な回答は同じで構いません。また、上層部の面接だからと緊張することはありません。より突っ込んだ質問に備えて、1次面接の質問を参考に、さらに詳しく回答できるよう準備してください。

ポイント

1次面接では、求められる能力を満たしており、協調性があることを示す。上層部の面接でも基本的な回答内容は変えずに、より詳しい説明と会社への思いについてアピールすること。

1次、2次、役員面接それぞれの傾向と対策

1次面接　面接担当者　採用担当者・配属部署の社員

面接担当者のチェックポイント

- 求める実務能力があるか。
- ビジネスマナーを心得て、あいさつなどがきちんとでき、印象が良いか。
- 通勤時間、労働条件（希望給与）、入社時期に問題がないか。

＊労働条件は、1次面接で質問されないことがある。

対策

- 求められている実務能力を満たしていることをきちんと説明する（不足しているスキルなどは、自主的に習得していく姿勢を示す）。
- あいさつ、態度、表情に注意し、好印象を与える努力をする。
- 入社時期を明確に示し、労働条件で全く問題がないことを伝える。

2次面接　面接担当者　採用担当者・配属部署の責任者

面接担当者のチェックポイント

- 実務能力に信ぴょう性があり、戦力として生かせるか。
- 協調性があり仲間としてやっていけるか。
- 自社が第1志望で、内定を出せば入社するか。
- 希望給与で問題がないか。

対策

- 1次面接で質問をされた内容から、求められる人材をさらに明確にする。
- 上司となる面接担当者に対して、応募企業の現状を否定するような発言をしない。
- 短期間で戦力となり貢献したい意欲を示す。

役員面接　面接担当者　役員（採用担当者、1次、2次の面接担当者が同席することもある）

面接担当者のチェックポイント

- 自社の社風に合う人材で、在籍社員とうまくやれるか。
- 求める実務能力があり、戦力として意欲的に仕事をする人材か。
- 自社だからこそ入社したいという熱意を感じ、内定後間違いなく入社するか。

対策

- 応募企業や業界についてより詳細な研究を行う。
- 応募企業だからこそ入社したいという具体的な理由を明確にする。
- 戦力として会社の発展のために貢献できるとアピールする。

応募企業で発揮できる実務能力と、応募企業だからこそ入社したいという具体的な理由をきちんと押さえましょう。

好印象を与える身だしなみとは

優秀な人材でも印象が悪ければ採用されない

面接は、通常30分から長くても1時間程度の短い時間で行われるので、面接担当者に与える「見た目」の印象も採否の重要なポイントになります。

転職者の場合、新卒者のように紺系やグレー系のリクルートスーツを着用する必要はなく、通常のビジネススーツで構いませんが、特に服装の指定がない限り、ネクタイを着用して、清潔感を意識したコーディネートを心掛けてください。ズボンの折り目はきちんと付いているか、ワイシャツの襟元は汚れていないか、靴は磨かれているかといった点もチェックしましょう。

女性は、ブラウスにスカートでも構いませんが、派手なアクセサリーやマニキュアは避けましょう。匂いのきつい香水も禁物です。ストッキングは自然な色のものを着用してください。

髪型は、奇抜なスタイルや派手なカラーリングは控え、女性でロングヘアの場合は、一つにまとめるようにしましょう。前髪が顔を隠してしまうと消極的なイメージを与えるので、長さをチェックしてみてください。

会社によっては、普段着で来社するよう指示がありますが、この場合も派手な服装やジーンズは避けて、男性はジャケットを着用し、女性も、年代を問わず好まれる服装を考えてください。面接を受けるという目的を意識して、コーディネートしましょう。

ポイント

高価なものを身に着ける必要はないが、面接にふさわしい身だしなみを意識する。スーツで訪問できない場合は、面接時にラフな服装であることを一言おわびするのを忘れずに。

好感を与える身だしなみ

男性

髪型
- 清潔感のある髪型に。フケや寝癖に注意する。
- 原則として派手なカラーリングは避ける。

顔
- ヒゲの剃り残し、目やにに注意する。

服装
- 紺系、グレー系のスーツが無難だが、地味になり過ぎると覇気がないイメージを与える。ネクタイは、派手過ぎない範囲で明るめのものを着用し、きちんと締める。
- ワイシャツは白でなくても構わないが、清潔感を意識する。
- 肩にフケがないことを確認する。
- ズボンはしわがなく折り目がきちんと付いているものを着用する。
- 靴は磨いたものを履く。

女性

髪型
- ロングヘアは、一つにまとめてすっきりしたイメージに。
- カラーリングをしている場合は、派手な色は避け、根元の色が目立たないようにする。
- 活動的なイメージを与えるよう、前髪の長さに注意する。
- フケや寝癖に注意する。

顔
- ナチュラルで明るいメイクにする。
- 口紅の色も自然で明るいものにする。

服装
- 紺系、グレー系のスーツ、もしくはブラウスとスカートを着用する。
- スカートの丈は、ひざの中心が隠れるくらいのものを着用する。
- 派手なアクセサリーやマニキュアは避ける。

持ち物
- 応募書類、筆記用具、携帯電話、募集要項、手帳などを、鞄に入れる。

リクルートスーツを着用する必要はありませんが、清潔感を意識した身だしなみで、口臭、鼻毛、フケ、目やになどにも注意しましょう。

面接の流れとマナー

ビジネスマナーを心得ていることが前提

中途採用の面接では、会社へ足を一歩踏み入れた時から、見られていることを意識すべきです。受付でのやりとり、控え室での態度やあいさつの仕方などもチェックされていると考えて臨みましょう。営業の経験がある方ならば、企業への訪問をイメージしてください。面接だからといって特別なことはなく、ビジネスマナーを心得て行動すれば問題ありません。

会社に到着する前に、身だしなみをチェックし、携帯電話の電源を切り、コートを着用している場合は、脱いで受付に向かいます。受付では、一礼をして面接のために来社したことを丁寧に告げて、指示に従ってください。控え室では、入口に近い下座に座って待ちます。ほかの応募者と同席することがありますが、おしゃべりは慎んでください。

入室に際しては、明瞭な声であいさつをしてください。ドアをノックして「失礼します」と言って入り、氏名を名乗ります。

面接中は、面接担当者の両目と口を結ぶ「トライアングルゾーン」を見ながら話すと好印象を与えます。面接担当者の話に相づちを打つことも忘れないでください。面接が終了したら足早に出ていくのではなく、立ち上がってあいさつをし、出口の前で再度「失礼いたします」と会釈をします。マナーを心得たうえで、商談のために来社したというイメージで臨むとリラックスできます。

ポイント

面接会場の状況により異なるケースもあるので、一連のマナーを理解し、臨機応変に対応しよう。大切なことは、丁寧な対応を心掛け、メリハリのある行動で臨むこと。

面接の流れとマナーのポイント

1 面接会場へ到着

到着前に身だしなみをチェックする。携帯電話の電源を切り、コートを着ている場合は、脱いでおく。

2 受付

一礼をして「本日○時に○○様と面接のお約束をしております○○と申します」と丁寧に告げて、指示に従う。受付だからといって気を抜かない。

3 控え室・面接室

控え室に通された場合は、入口に近い下座に座って待つ(面接室も同様)。

名前を呼ばれたら「はい」と返事をして案内についていく。面接室で待つ場合は、面接担当者が入室したら速やかに立って氏名を名乗る。

4 入室

ドアを2〜3回ノックし、中から「どうぞ」と聞こえたら、「失礼します」とはっきりした口調で言って入室する。ドアは両手を添えて閉める。

それぞれのポイントを理解したうえで、一連の流れについて、実際に声に出して練習してみてください。

5 あいさつ

ドアの前に立ち、目を少し見開いて「○○と申します。よろしくお願いいたします」とあいさつする。お辞儀の角度は35度が目安。

*ドアから面接担当者まで距離がある場合は、入室時に、「失礼します」とあいさつし、椅子の横で氏名を名乗る。

6 着席

用意された椅子の前に立って、鞄を置きもう一度「よろしくお願いいたします」と言って一礼する。

面接担当者に「どうぞ」と勧められてから、背筋を伸ばし背もたれと背中の間に少し隙間があるくらいの位置に腰掛ける。鞄は椅子の脇に置く。

7 面接中

面接担当者の両目と口を結ぶ「トライアングルゾーン」を見ながら話をする。視線を大きくそらさず面接担当者を見ながら話をするが、にらみつけてはいけない。面接担当者が複数いる場合は、目配りをする。面接担当者の発言には相づちを打ち、理解、共感している態度を示す。

8 退室

面接が終了したら、立ち上がり「ありがとうございました。よろしくお願いいたします」と言って一礼する。出口の前で「失礼いたします」と会釈をして、退出する。

内定に近づく定番質問への回答とは

何ごともネガティブではなくポジティブに回答する

面接時間は、30分から長くても1時間前後ですが、通常は最初の5分間で職務経験、退職理由、志望動機、自己PRといった定番質問がなされます。定番質問であるが故に事前に回答を準備する応募者が多いのですが、丸暗記した回答をそのまま言うようでは、面接担当者に強いインパクトを与えることができません。丸暗記をするのではなく、何を伝えたいのかキーワードをいくつか用意して組み立てれば、緊張しても忘れることなく回答ができます。まず職務経験ですが、応募企業で生かせる職務を強調しながら説明します。退職理由はネガティブな回答ではなく、応募企業で実現できることをやりたいから退職したというようなポジティブな回答をしてください。志望動機や自己PRは、職務経験と関連させて回答すると説得力が出てくるでしょう。

また、面接担当者は、だらだらと長い回答には興味を持ってはくれません。職務経験などで長くても1分程度、そのほかの回答は30秒程度に収めるようにしてください。その回答の中に面接担当者が興味を持つキーワードを盛り込んでおけば、さらに質問が投げかけられます。

応募者と面接担当者の言葉のキャッチボールが行われる状況は、面接担当者が応募者に興味を持っている証であり、内定に近づいたと考えられます。

ポイント

質問の切り口は違っても、ほぼ間違いなく定番質問はなされる。応募企業で生かせるスキルや経験を考えたうえで、何を伝えたいか、あらかじめ回答のためのキーワードを用意して臨もう。

定番質問への回答の組み立て方

定番質問

①職務経験について

求められる実務能力と関連する経験を強調し、具体的な事例や実績を盛り込み回答する。職務経歴書の経歴要約で記載した部分が質問される可能性が高い。だらだらと回答するのではなく、ポイントを絞り、長くても1分以内で回答する。

②退職理由

ネガティブな理由ではなく、「やりたいこと」「やるべきこと」の実現といったポジティブな内容で回答する。退職を余儀なくされた場合でも、このことを転機としてとらえ、応募企業でやりたいことを実現したいといった志望動機と関連させて回答する。

③志望動機

これまでの経験を生かして貢献していきたいといった動機とともに、応募企業だからこそ入社したいという理由を加える。

④自己PR

複数のPRをせず、結論から先に述べて、職務経験上の事例を用いて、信ぴょう性を高める。

定番質問後の展開

定番質問で描いた面接担当者の判断を裏付けるための質問や、労働条件、待遇面の確認が行われる。

①より突っ込んだ実務能力についての質問

面接担当者に質問されるのは、必要とされる能力であると考え積極的にアピールする。

②リーダーシップ、管理能力についての質問

役職がなくても、問われた場合は新人指導などの経験を語る。

③キャリアプランについての質問

応募企業で実現できるビジョンを語る。

④労働条件、入社時期、待遇などについての質問

入社時期については、速やかに入社できることが望ましいが、在職中であれば明確な時期を示す（原則として長くても3カ月以内）。

応募者からの質問

- 募集要項に記載されている内容や、すでに説明されたことを改めて質問するのは避ける。
- 1次面接で待遇面についての質問をするときは、面接担当者に「質問はありますか？」と聞かれた後に、謙虚な姿勢でする。
- 特に質問がない場合は無理に質問する必要はない。

面接中に募集の概略や会社説明が行われることが多いので、よく聞いておきましょう。

定番質問❶

職務経験に関する質問と回答のポイント

応募企業が求めている実務能力について回答する

職務経験についての質問はほぼ間違いなく行われますが、職務経歴書を読めば分かる内容をそのまま読み上げるだけでは、面接担当者の興味を引くことはできません。

応募者の中には、職務経歴書をそのまま読み上げる人がいますが、読めば分かる内容を繰り返しても好印象は持たれません。というのも、面接担当者は、提出された職務経歴書の信ぴょう性を確認すべく、応募者に職務経験について回答を求めているからです。したがって、職務経歴書を作成する際に分析した、「応募企業が求めている実務能力」を強調して回答するようにしてください。

そうすることで、面接担当者は自社で活躍してくれる人材であるとイメージするでしょう。

同職種への転職の場合は、なぜ転職をするのか面接担当者は疑問を持つので、職務経験の説明であっても、前職の経験を生かし、応募企業だからできることについて説明しても構いません。

未経験の職種を希望する場合、直接関連するスキルや経験でなくても、汎用できる職務経験を強調してアピールしてください。新卒で入社し1年未満であれば、新人研修で培った社会人としてのビジネスマナーを心得ていることもアピールできます。どの職種でも求められるコミュニケーション能力や意欲的に仕事を行ってきた姿勢を回答しましょう。

質問の意図　求める実務能力があるか職務経験から見極めている。職務と共通する部分を強調し、面接担当者が興味を持つよう説明することがポイントだ。

Q1 これまでのお仕事について話してください。

CASE 1

総務職経験者が同職種を志望

OK例

「大学卒業後、○○株式会社に入社し、その後6年間にわたって、量販店の総務部門にて総務職全般に携りました。現場で働く社員が気持ちよくお客様に対応できるよう、社員評価制度の整備、労災関連業務、設備管理などに取り組んでまいりました。特に店舗における事務処理の簡素化に努め、シフト制を見直したチャンス・ロスのない仕組みを構築した結果、労働時間の短縮と労働生産性を高めることにつながりました」

回答のポイント

総務職として現場を把握し、既存の方法にとらわれず前向きに仕事をしてきたことが伝わります。応募企業が求める総務職をイメージして、関連する部分を強調して回答することがポイントです。

CASE 2

店長職経験者の場合

NG例

「○○株式会社が経営するファーストフード店の店長をしています。大学時代アルバイトをしたことがきっかけで、卒業後も正社員として勤務しました。2年前から店長になり、接客販売や売上管理、スタッフ管理を行い、スタッフにやりがいを提供しモチベーションを高めています。不況で売上が上がらないため人員削減を行っており、朝6時から閉店までほとんど休憩なく働いています」

回答のポイント

店長としての業務が漠然としており、スタッフにどのようにしてやりがいを提供しているかも不明です。過酷な労働時間といった現職の問題は、ネガティブな回答と受け取られることもあります。

CASE 3

〈短職歴＋未経験者〉が販売職を志望

OK例

「大学卒業後、エステティシャンとして○○株式会社に入社しました。新入社員研修では、ビジネスマナー、接客販売手法、技術とカウンセリングについて学びました。○○店に配属になりフェイシャルのエステティシャンとして6カ月勤務しましたが、お客様の悩みを親身にお聞きしたうえで、適切な化粧品をお勧めすることに適性を感じました。前職で身につけた社会人としてのビジネスマナー、接客、カウンセリング経験と持ち前の明るさを生かして、販売職として頑張りたいと思います」

回答のポイント

実務経験が短い場合、応募職種で生かせるビジネスマナーや接客経験を強調して回答します。専従の販売職でなくても販売経験があれば回答内容に加え、短期間で戦力となることをイメージさせましょう。

CASE 4

〈短職歴＋経験者〉がコールセンタースタッフを志望

OK例

「テレビ通販のコールセンタースタッフとして入社し、広告反響によるお客様の問い合わせやご注文に応対しました。人気商品は短時間に電話が集中するため、お客様のご要望を的確にお聞きし効率的に業務を行っています。半年前よりスーパーバイザーとしてご注文をお受けするだけでなく、スタッフの電話応対の指導もしております。電話は、互いの表情が見えないので、声のトーンや間の取り方に注意し満足いただけるサービスを提供できるよう努めています」

回答のポイント

経験者として応募企業でも発揮できる能力を的確に把握し、回答することがポイントです。特にサービス業では、回答内容だけでなく、回答時の表情や語調もチェックされます。

Q2 正社員として勤務したことはないのですか?

CASE 1

アルバイト→正社員を志望

OK例

「演劇に打ち込み、定職につかず短期の引越し業務のアルバイトをしました。荷物はお客様の心という気持ちで丁寧に扱っていたところ、『傷一つ付けないきめ細かい気配りに感銘した』とお褒めの言葉をいただき、いつの間にか、お客様を喜ばせる仕事にやりがいを感じるようになりました。演劇はあきらめ、今後はアルバイトで培った経験を生かしたいと思います」

回答のポイント

定職に就かなかった理由が明確で、演劇をあきらめ正社員として勤務したい気持ちが伝わってきます。アルバイトでも実績や評価を述べることで、正社員として活躍できるイメージを抱かせます。

CASE 2

資格試験受験→正社員を志望

OK例

「大学卒業後、司法試験の勉強に打ち込みましたが合格できませんでした。当初から2年間と決めており、現在悔いはありません。大学時代から、中学生を対象に塾でアルバイトをしており、授業だけでなく、ご両親との面談や受講生増加のための販促ツール作成、説明会の企画を行いました。今後は、資格試験で学んだ法律知識と塾で培った経験を生かし、正社員として教室運営に携わりたいと考えています」

回答のポイント

資格試験受験のため正社員として勤務経験がない場合、現在のスタンスがポイントになります。応募職種に関連性がなければ、試験をあきらめ正社員として仕事に打ち込む姿勢をアピールしましょう。

定番質問❷

退職理由に関する質問と回答のポイント

応募者の仕事のスタンスや意欲が見極められている

退職理由は、「人間関係がうまくいかない」「嫌な上司がいる」「待遇が悪い」「やりたい仕事ができない」など、実際はネガティブなものが多いかもしれませんが、それをきっかけに「やりたいことを実現するための退職」だと前向きに考えましょう。人間関係がうまくいかないことや会社の批判を短い面接時間で説明しても面接担当者に理解してもらえませんし、自社でも同様の問題が起きると思われるかもしれません。

また、会社が倒産したなど、予期せぬ事態による転職であっても、事実を述べたうえで、そのことをきっかけに応募企業でやりたいことを実現したいといった熱意を示しましょう。同様に、業績不振による退職であっても、長年勤務してきた会社であれば、他人事のように「業績不振により辞めました」と回答するのではなく、業績不振を挽回するために努力したことも合わせて説明しましょう。

短期間で退職した場合、採用担当者は自社でもすぐに辞めてしまうのではと懸念を抱くものです。辞めた理由を述べるとともに、今後は長く勤務していく強い意志を持っていることを示してください。

限られた面接時間を有効に使うため、退職理由は簡潔に回答し、現在や将来の話題へ早めに転換させるようにしましょう。

質問の意図　前の会社を円満に辞めているか、前向きな考えで転職をしているか、飽きっぽい性格ではないか、実務能力に問題がなかったか、人間関係などで問題はなかったかといった点を見極めている。

Q1 退職理由をお聞かせください。

CASE 1

自己都合の退社→他業種を志望

OK例

「地域タウン誌の営業職として3年間勤務し、成果を上げてきましたが、以前から興味のあったインターネット関連の営業職に就きたいと考え退職しました。インターネット業界の今後の展開に大変興味があり、独学ですがインターネットの知識を学び、業界研究もしております」

回答のポイント

前職の経験を生かし、応募企業で実現可能な、やりたいことを実行するための退職であれば、理解を得られます。前職ではできなかったが応募企業では可能であることを退職理由として示しましょう。

CASE 2

労働環境を理由に自己都合の退社

NG例

「前職では、残業がほぼ毎日あり、休日に出勤しなければいけない状況も頻繁にあったため、プライベートの時間がほとんどありませんでした。将来、家族と過ごす時間を大切にしたいと考えておりますので、長く勤務できる会社ではないと思い、退職しました」

回答のポイント

明らかに劣悪な状況であれば理解を得られますが、残業や休日出勤を退職理由にすると、自社でも同様の問題が起きると受け取られます。仕事への意欲を示す前向きな理由を述べましょう。

CASE 3

業績不振により退社

OK例

「業績不振により、製造工場が閉鎖されるため、会社都合により退職しました。10年間、品質管理および工程管理に携わってきましたので残念ですが、気持ちを切り替え、前職で培った経験を生かしていきたいと考えています」

回答のポイント

業績不振や会社倒産といったやむを得ない理由であれば、面接担当者は一定の理解を示しますが、気持ちを切り替え応募企業で頑張る意欲を回答内容だけでなく、表情、語調からも伝えましょう。

CASE 4

退職勧奨により退社

NG例

「営業職として仕事をしてきましたが、成績が悪いので会社を辞めるよう上司から勧められました。私より悪い成績の人間が大勢残っているのに納得できませんでしたが、失業保険がすぐもらえるとのことで、辞めることにしました」

回答のポイント

退職勧奨で辞めた場合、本人の決断であっても会社都合による退職になります。回答内容から成績が悪く人間性にも問題があるように受け取られます。仕事への意欲も感じられません。

Q2 前職を短期間で辞められていますが、どうしてですか？

CASE 1

体調不良により短期間で退社

OK例

「営業職として勤務しましたが、毎日午前9時から深夜0時まで勤務していたため体調を崩し、退職しました。現在は体調も回復し、全く問題ありませんが、社会人として健康管理をきちんと行うことの大切さを学びました」

回答のポイント

病気やけがで退職した場合、現在は勤務に支障がないことを伝えます。残業で体調を崩したことは理解を得られますが、体調管理ができないと思われるのはマイナスなので、面接担当者を安心させるコメントを。

CASE 2

やりたい仕事ではないため短期間で退社

OK例

「営業事務職ということで入社をしましたが、実際の仕事は営業のみであり、事務職の仕事ではありませんでした。営業現場を知る良い経験になりましたが、今後、事務職としての異動はないとのことでしたので、退職を決意しました」

回答のポイント

仕事では異動があるので、やりたくない仕事だからという理由は理解を得られませんが、入社前の話と違う点と今後異動はないという内容から事務職への応募であれば、一定の理解を得られるでしょう。

定番質問❸

志望動機に関する質問と回答のポイント

応募企業だからこそ貢献したい意欲を示す

志望動機は、応募者個人の動機を問われているので、待遇面や労働環境に魅力を感じているなど、応募者個人にメリットのある内容でも問題ないと考えるかもしれませんが、面接担当者は、個人的な内容には好感を持ちません。個人に関わる理由に加えて、今までの職務経験を生かして貢献していきたいことと、応募企業だからこそ入社したいという強い気持ちを回答に込めてください。

そのためには、応募企業の特徴や独自性を理解している必要があるため、企業研究が不可欠です。企業HPをチェックするだけではなく、OB・OG訪問をしたり、商品やサービスを研究しておくと、応募企業への思いを伝えやすくなります。

未経験の職種への転職を希望する場合でも、新卒採用のように憧れや夢といった漠然とした内容の志望動機では、面接担当者には評価されません。前職の経験があるからこそ、あるいは学生時代に学んだことを生かしたいなどの理由で、未経験の職種にチャレンジするための必要なスキルを自主的に学んでいるといった、説得力のある説明が必要です。

仮に、応募企業が第一志望でなくても、面接では第一志望というスタンスで回答してください。他社が第一志望だと面接担当者が判断すれば、どうしても採用したいという人材でない限り内定獲得は難しいでしょう。

質問の意図　応募者の自社への思い、これまでの経験を通じてどのような貢献ができるか、入社後どのようなビジョンを描いているかなどを見極めるために質問をする。

Q1 なぜ同じ職種へ転職されたいのですか？

CASE 1

経理職経験者で同職種を志望

OK例

「経理職として月次、年次決算、経営資料の作成などに携わってきましたが、貴社が3年後の店頭公開準備に向けて経理職を募集していることを知り、志望いたしました。店頭公開の経験はありませんが、以前から専門書を読み勉強をしておりますので、短期間で戦力になれると思います。貴社の服飾ブランドは長年愛用しており、愛着を持っております。ぜひとも貴社の社員として頑張りたいと思います」

回答のポイント

前職の経験を生かして、応募企業だからこそやりたいことを実現したいという意欲を感じます。不足している知識を習得する熱意も評価されます。応募企業のブランドが好きなことも好感を持たれます。

CASE 2

営業職経験者で同職種を志望

NG例

「現在、不動産営業職としてマンションと戸建住宅の販売を行っています。営業の仕事しか経験がないので、これまでの経験を生かして転職したいと考えていましたところ、貴社の不動産営業職の求人を拝見し同職種なので頑張れると考えました。お客様が満足する住居を販売し、喜んでもらえる営業職として、引き続き頑張りたいと考え志望いたしました」

回答のポイント

不動産営業職であればどの企業でもいいと受け取られ、採用担当者は興味を持ちません。同職種であっても応募企業だからこそ転職したい熱意と発揮できる強みをアピールすることが大切です。

Q2 どうして未経験の職種を希望されるのですか？

CASE 1

販売職→事務職にキャリアチェンジを志望

NG例

「前職では、生花店の販売職に就いていましたが、顧客管理や販促などの事務職に興味を持ちました。休日には、パソコンスキルを高めるためにスクールでエクセルとアクセスを学び、独学ですがイラストレーターも勉強しています。販売で培った接客経験も、電話応対や来客応対に生かせると考えます。独自の店舗展開をされている貴社の求人を拝見し、ぜひとも後方部門で頑張りたいと考え、志望しました」

回答のポイント

なぜ未経験の職種に興味を持ったのか、その理由が明確に伝わりません。理由を簡潔に述べたうえで、前職の経験で生かせる部分や、不足するスキルは積極的に学んでいる姿勢をアピールしましょう。

CASE 2

外食店舗店長→人事職にキャリアチェンジを志望

OK例

「ファミリーレストランの店長として、正社員6名、アルバイト25名のマネジメントを行ってきました。店長としてマネジメントを経験する中、メンバーのモチベーションを上げるための仕組み作りや、働く環境作りに興味を持つようになりました。独学で労働基準法や社会保険について学んだ今、これまでの採用業務経験も生かして、人事職にチャレンジしたいと考え、志望いたしました」

回答のポイント

人事職を希望する理由だけでなく、人事職で生かせる経験や独学で学んだ知識は、アピール材料になります。異なる職種では就きたい熱意だけでなく、生かせる経験と知識を具体的に示してください。

Q3 志望動機をお話しください。

CASE 1

フリーター→Webデザイナーを志望

OK例

「大学在学中からWeb業界に興味を持ち就職活動をしましたが、専門知識やスキルが不足しているため採用に至りませんでした。卒業後、どうしてもWebデザイナーになりたいと考え、専門学校で学び、自営業を営んでいる知人のホームページを立ち上げ、売上を15％伸ばしました。貴社の求人を拝見し、「熱意に勝るものはない」という社長の言葉に大変感銘を受けました。不足しているスキルは自主的に高めていき1日も早く戦力として活躍したいと考え志望しました」

回答のポイント

職歴がなくても就きたい仕事への熱意を感じます。職歴がないため未経験の職種であっても、受身ではなく自主的に学んでいく姿勢を示して、短期間で戦力となることをアピールしましょう。

CASE 2

新卒内定取り消し→営業職を志望

OK例

「大学在学中に内定をいただいた会社の業績が悪化し、内定が取り消しになりました。大変残念でしたが気持ちを切り替え、悔しさをバネに、実績が明確に表れる営業職として頑張りたいと考えていたところ、貴社の広告営業の求人を拝見し、大学で広告研究会に所属していたことも生かせるのではと考えました。未経験の言葉に甘んじることなく、営業職として成果を出せるよう頑張ります」

回答のポイント

内定が取り消しになったことで卑屈にならず、前向きに頑張る姿勢を示しましょう。若さ、素直さ、柔軟に対応できることは、アピール材料になりますので、元気に回答しましょう。

定番質問❹

自己PRに関する質問と回答のポイント

仕事の事例を盛り込み、発揮できる強みをアピール

新卒採用では、職務経験がないため意欲や熱意を自己PRすることが多いですが、中途採用では応募者がどんな実務能力を発揮できるのかを具体的にPRする必要があります。「頑張ります」「集中して取り組みます」「やる気があります」などのあいまいな内容では、ライバルと差をつけることはできません。

同職種への転職では、即戦力になる人材だと自己PRで積極的にアピールします。内容に偽りがあってはいけないのは当然ですが、少し背伸びをした回答なら問題ありません。未経験の職種への転職でも、関連する業務や仕事に取り組む姿勢はアピールできます。

なお、25歳以下で勤続3年以下の転職者を「第二新卒」と呼ぶことがあります。第二新卒で職務経験が短い場合も、できる限り仕事の事例を盛り込んでアピールしてください。

面接担当者は、職務経歴書の内容の信ぴょう性を、自己PRから見極めます。実績や評価の得られた仕事などの成功体験をそこに盛り込めば、あなたの仕事のスタンスや意欲をアピールできます。ただし、どんなに立派な実績だとしても謙虚さを忘れずに話さないと、印象が悪くなる可能性もあるので、気をつけてください。面接担当者が自社で活躍する姿をイメージするようなアピールができれば、それは内定獲得につながります。

質問の意図　求める実務能力や人物像を、自己PRの回答から見極めている。面接ではいくつもやみくもにアピールをしても面接担当者の記憶には残らない。戦力として活躍できることをアピールしよう。

Q1 ご自身について1分以内でPRしてください。

CASE 1

人事職→同職種を志望

OK例

「現場の状況を把握したうえで、形式ではない人事制度を構築します。前職では採用・研修・労務管理・給与、採用業務といった人事業務全般に携わりましたが、特に時短に伴う人事制度の構築では、制度を運用する部署を十分リサーチしたうえで、自社にふさわしい独自の人事制度を運用した結果、社員のやる気が高まっただけでなく労働生産性が向上し、経営幹部からも高い評価をいただきました。社員がより働きやすく、会社にメリットのある制度を今後も構築していきたいと考えています」

回答のポイント

いわゆるバックヤードの仕事は、実績などが表しづらいこともあります。そういった場合には、その仕事によって周囲にどういう変化・影響をもたらしたのか、また、どのような評価を得たのかを簡潔に伝えアピールしましょう。

CASE 2

Webデザイナー経験者の場合

OK例

「携帯コンテンツのWebデザイナーとして勤務したのは2年間ですが、学生時代からアルバイトとして携わっていたため、企画立案から制作までのディレクション業務が行えます。特に販売コンテンツの企画立案では、市場を分析し、ターゲットとなる層からのリサーチを十分に行い、アクセス件数の多いコンテンツを制作してきました」

回答のポイント

短期間での退職が与えるマイナスイメージをうまくフォローできています。職務経歴書に具体的な制作物や実績を記載すると、自己PRの内容がより信ぴょう性のあるものになります。

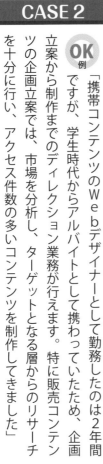

Q2 前職から得たあなたの強みは何ですか？

CASE 3

自動車販売→異業種を志望

OK例

「前職の自動車販売では、『何が何でも売ってやる』というスタンスではなく、お客様とのコミュニケーションの中で嗜好《しこう》や生活習慣を読み取ったうえで、ご満足いただける商品を提案してきました。その結果、多くのお客様と信頼関係を築くことができ、3年間、常に前年比110％以上の売上を上げることができました。商品が違っても、営業職としてお客様と信頼関係を築き、売上に貢献できると思います」

回答のポイント

異なる業種でも営業職として大切な信頼関係の構築ができる人材だと感じさせます。仕事に取り組む姿勢やお客様からの評価は、異なる業種でも自己PRとして積極的にアピールしましょう。

CASE 1

編集職→同職種を志望

OK例

「前職の経験から、自己啓発・ビジネス関連書籍の企画案があり、著者との人脈を活用できます。積極的に異業種交流会やビジネス関連のセミナーに参加し情報収集を行い、常に時代のニーズの半歩先を捉えたものを書籍化して、実績を構築してきました。書籍の企画から発刊まで編集業務全般に携わりましたので、短期間で戦力になれると思います。現在は、書籍の電子化についても独学ですが勉強をしております」

回答のポイント

編集などのクリエイティブ職の場合は、原稿や制作物など、これまでに携わった仕事の実績を、ファイルなどにまとめておくとアピールしやすくなります。

CASE 2

システムエンジニア職→同職種を志望

NG例

「リーダーとしてチームをまとめるマネジメント能力があります。クライアントの要望を的確に判断して設計、開発を行いますが、メンバーの進行状況を把握したうえで、各自の能力を引き出すことも大切な仕事だと認識しています。スケジュールを立て、トラブルが起きる状況や環境を作らないよう、メンバーとのコミュニケーションを大切にしながらモチベーションアップを図ってきました」

回答のポイント

リーダーとして、どのようなスケジュール管理・危機管理をしたのかを具体的に話しましょう。そうすれば、リーダーとしての「タイムマネジメント・リスクマネジメント」能力をアピールできます。

CASE 3

営業職（短職歴）→同職種を志望

OK例

「私は、営業職で培った行動力とコミュニケーション能力があります。稼働中の大型重機で油圧系のトラブルが発生した際、『どうしても翌朝までに直してほしい』と要望され、深夜にもかかわらず、整備部門、パーツ部門と連携をとり、朝までに部品交換を行い稼働させました。お客様の要望に対して満足していただけるサービスを提供できた結果、新たな重機購入につながりました。行動力とコミュニケーション能力で、3年間売上目標を達成してきました」

回答のポイント

具体的なエピソードや実績を語ることで、営業職としての能力がアピールでき、信ぴょう性のある回答になります。面接担当者に自社でも生かせる能力だとイメージさせられる回答をしましょう。

将来のビジョンに関する質問と回答のポイント

応募企業で発揮できる職務を前提に、将来像を語ろう

面接において、将来のビジョンを語る際の回答内容は、3年後、5年後、10年後で異なります。企業側が実務面のスペシャリストを求めているのか、あるいは部門の統括やリーダーとして期待しているのか、質問の意図をくみ取って回答する必要があります。

この質問に対する回答で前提になるのは、原則として応募企業に在籍したうえでの将来像です。独立を推奨する企業であれば、「将来独立したい」という回答も可能ですが、それ以外の企業では独立思考を敬遠するところもあるので、注意しましょう。

面接担当者は、この質問から応募者が本気で自社に入社する意志があるかを確認しています。あいまいな回答であれば、第一志望ではない、もしくは仕事への意欲がないと疑われるかもしれません。また、キャリアプランがない応募者は、嫌なことがあればすぐ辞めてしまう傾向があると考えている面接担当者もいます。

ただし、配属部署の責任者が面接担当者でありながら、「将来は部門の責任者に就きたい」というような回答をすると、年齢にもよりますが、配属部署の責任者は好感を持たないでしょう。募集要項だけでなく面接担当者との会話からも、期待される人物像を把握したうえで回答するように心がけましょう。

質問の意図　この質問では、企業が求める人材と合致し、なおかつ仕事を真剣に考えているかどうかが見極められている。なりたい自分が明確な応募者は、困難にも立ち向かっていけると判断される。

Q1 将来、どのようなプロジェクトを行いたいですか？

CASE 1

学校事務職員経験者の場合

OK例

「事務職員として経験を積み、将来はキャリアセンターにおいて、学生の就職支援プロジェクトに携わりたいと考えています。キャリアカウンセラーの資格を取得し実践的な就職ガイダンスを行い、前職で培った企業とのパイプを生かして、学生が希望の企業へ就職ができるよう頑張りたいと思います。事務職員として経験を積んだ後、5年後にキャリアパスを希望できる制度にも大変魅力を感じています」

回答のポイント

可能性のあるプロジェクトについて、志望動機と関連させて回答することがポイントです。そのためにも、事前に求人情報などをチェックし求められる人材をイメージして回答しましょう。

Q2 あなたのキャリアプランをお話ください。

CASE1

販売職経験者の場合

OK例

「店舗の販売職と実績を構築したうえで、店長、エリアマネジャーを経て、将来はマーチャンダイザーを目指しています。特に貴社では、実績に基づいた昇格制度が明確ですので、キャリア目標に向けてチャレンジしていけると思います。マーチャンダイザーは、現場や顧客のニーズが分からなければ務まらない職務ですので、販売職として売上を伸ばし、着実に経験を積んでいきたいと思います」

回答のポイント

この質問では、採用担当者は、応募者が自社でどのように活躍したいと考えているかを見極めます。求人職種に打ち込んでいく姿勢を示し、応募企業で達成できるキャリアプランを説明しましょう。

弱点を突く質問・答えにくい質問への回答

人物像を知るために別の切り口で問われる

定番質問の後に、面接担当者が不安な点を確認したり人物像をもっと知るために、あえて弱点を突く質問や答えにくい質問をすることがあります。これらは、応募者に厳しい質問を投げかける「圧迫面接」として行われることもありますが、応募者は動揺せず冷静に回答する必要があります。

厳しい質問は、応募者を困らせるために行うのではなく、面接担当者が採用したいと思うからこそ、不安材料を払拭するために、質問をされるのです。弱点を突かれてもムキにならず、面接担当者の主張を認めたうえで、自身の考えを述べることが大切です。いきなり面接官の指摘を否定すれば、場の雰囲気が悪くなり採用には至りません。

また、面接では、結婚や出産の予定など、プライベートに関する答えにくい質問をされることがあります。本来、面接担当者はこういった質問をすべきではないのですが、業務に支障を与えず勤務できるのかどうかの確認のために行われます。ただし、面接担当者が興味本位で聞いているようであれば、無理に回答せず面接を辞退するという選択もあります。

なお、逆に応募者が待遇面や残業など聞きにくい質問をする場合、いきなり給与について質問をすると、それにしか興味のない応募者だと判断されます。質問のタイミングと聞き方に注意しましょう。

質問の意図　定番質問の回答や、書類の不安材料を払拭するために質問される。圧迫面接では、回答内容とともに、表情や態度からストレス耐性や人間性についても見極められているので注意しよう。

弱点を突く質問・答えにくい質問への回答のポイント

弱点を突く質問(圧迫面接)

◉質問例◉

「新卒で入社した会社を、たった6カ月で辞めていますね。社会人として忍耐力に欠けているように感じますが、どのように考えていますか?」

＊弱点を突く質問では、回答内容だけではなく、回答時の応募者の表情、態度から適応力やストレス耐性をチェックしている。

弱点を突く質問への回答のポイント

- 面接担当者の主張を否定せず、認めたうえで考えを述べる。
- 「確かにおっしゃる通りですが、私は……と考えます」とYes、Butで回答する。

答えにくい質問

◉質問例◉

「今年結婚されたのですね。出産のご予定はありますか?」

＊採用したいが故に、長く勤務できるか、労働条件などで問題がないかを見極めている。

答えにくい質問への回答のポイント

- 結婚や妊娠・出産についての質問に対して、仕事を継続していきたい、業務に支障を与えないといったスタンスで回答する。

逆質問

◉質問例◉

「実績や実力で給与が決まると考えていますが、私も家族を持っており生活のことがありますので、差し支えなければ給与についてお聞かせください」

＊給与や労働条件などの質問は、面接担当者から条件を提示されなければ、内定後に確認をすることもできる。

逆質問のポイント

- ぜひとも入社したいという意志を示しながら、質問をする。
- ダイレクトに質問せず、枕詞を使い表現を柔らかくする。
- 質問のタイミングに気を配る(面接担当者が好感を持っていると感じた時に行う)。

弱点を突く質問・答えにくい質問❶

ブランクが長い場合

ブランク期間を払拭するだけの実務能力の強みがポイントになる

ブランク期間が長い応募者に対して、面接担当者は仕事の勘が鈍っていないか、仕事以外にやりたいことがあるのではないか、あるいは長期間就職できなかった人材なのではないかといった疑問を抱きます。ブランク期間については正直に回答すべきですが、転職活動が長期化している場合は、応募職種で生かせる自己啓発を並行して行っているといった説明ができるといいでしょう。

資格取得のために長期間のブランクになってしまった場合、面接担当者は、自社に入社しても資格を取ればすぐに辞めてしまうかもしれないと考える可能性があります。そのため、原則として、資格をあきらめて仕事に集中すると回答してください。資格取得のために勉強して得た知識が応募企業で生かせるならば、具体的な知識についてアピールしましょう。

病気やけがによる長いブランク期間でも、現在は完治していれば、業務に支障を与えないということを説明し、面接担当者の不安を払拭してください。

面接担当者は、応募者の過去の事実から今後の仕事の姿勢や意欲について考えるので、ブランク期間について簡潔に説明したうえで、応募企業で発揮できる実務能力や仕事への意欲を持っているということをアピールし、話題を転換するようにしましょう。

質問の意図　ブランク期間に行っていたことの事実関係を確認したうえで、業務に支障を与える可能性がないかどうかを見極めている。面接担当者は、自社の仕事に集中できる応募者を採用したいと考える。

Q1 すぐに仕事に復帰できますか？

CASE 1

病気で退社しブランク期間が長い場合

OK例

「前職で体調を崩し退職しましたが、現在は完治しましたので全く問題ありません。社会人として体調管理が大切ですので、3カ月前から週末はジムに通い、1日1000メートル泳いでいます。ブランク期間に日商簿記2級の資格も取得しましたので、今後は仕事で成果を出せるよう頑張ります」

回答のポイント

病気による退職は、現在では業務に支障を与えないことを伝える必要があります。ブランク期間に応募企業で生かせる勉強をしてきたこともプラスの評価になります。

Q2 ブランク期間が長い理由は何ですか？

CASE1

会社都合で退社しブランク期間が長い場合

NG例

「雇用情勢が厳しいので、仕方がありませんでした。すでに100社受けましたが、どこも募集人員を削減しているらしく、面接まで進んだのはわずか3社です。そんな社会情勢から、現在は就職したくてもできない時期であるといえます。このような状況下にあることをご理解いただければと思います」

回答のポイント

事実であっても、面接担当者はほかの企業でも採用されなかった応募者だと考えます。自分は悪くないという回答では、責任転嫁する応募者だと判断される可能性もあります。

弱点を突く質問・答えにくい質問❷

前職を短期間で辞めている場合

辞めた事実を謙虚に受け止め、今後の糧にすると回答を

短期間で辞めた理由はさまざまですが、前の会社を批判するような回答は避けた方がいいでしょう。入社前の希望職種と違ったという理由であれば、やりたいことを実現したいための転職であると簡潔に回答しましょう。

残業が多いといった労働環境の問題で辞めた場合は、面接担当者が納得する状況であれば、理由を述べたうえで仕事への意欲を示しましょう。

会社の待遇や労働条件といった問題を長々と説明しても応募者からの一方的な説明であり、良い印象は残りません。事実を簡潔に述べたうえで、応募企業だからこそ実現できることと関連させて説明しましょう。入社前にきちんと確認しなかった自分も悪いという言葉を添えると、会社批判と受け取られません。

また、短期間で辞めた応募者に対して、面接担当者は自社でもすぐに辞めるのではと考えるので、今後は長くきちんと勤務していくという姿勢を示してください。健康上の理由や親の介護で辞めた場合は、現在は業務に支障を与えないことが条件になります。

なお、短期間で辞めたことを気にし過ぎると、志望動機や自己PRといった回答で積極的なアピールができなくなります。過去は過去として受け止め、反省すべき点は反省したうえで、前向きな回答をするようにしましょう。

質問の意図　自社においてもすぐに辞めるのではないか懸念を抱いて質問する。人間関係で辞めた場合は同様の問題が起きると思われるので、やりたいことの実現などと、辞めた理由を置き換えて説明する。

Q1 短期間で辞めていますが、当社でももたないのでは？

CASE 1

入社後の配属が希望職種と異なっていた場合

OK例
「前職では、事務職ということで入社しましたが、製造職に配属となりました。製造部門を経験することも大切なのは理解していますが、事務職としてスキルを高めて会社に貢献したいという強い気持ちがありましたので、試用期間で退職をしました。在職中から事務職として必要なパソコンスキルの自己啓発を行ってきましたので、今後は地に足をつけて頑張りたいと考えています」

回答のポイント
病気による退職は、現在では業務に支障を与えないことを伝える必要があります。ブランク期間に応募企業で生かせる勉強をしてきたこともプラスの評価になります。

Q2 前職をすぐに辞めた理由は何ですか？

CASE1

労働環境に不満があった場合

OK例
「入社後、2日間の研修で営業部に配属になり、とにかく名刺をもらう飛び込み営業を行いました。商品知識もなく何もわからなかったので、担当エリアには休みの日にも足を運び、顔を覚えていただくことから始め、商品についても自ら調べファイルにまとめて持ち歩くなど、工夫しました。しかし、定時に帰れることがほとんどない状況で限界を感じたため、短期間で退職しました」

回答のポイント
分からないことでも自分なりに考え、努力していく積極性が感じられます。短期間でやめたことを謙虚に受け止めつつ、仕事に対する熱意を示して、面接担当者を納得させましょう。

弱点を突く質問・答えにくい質問❸

答えにくい質問への回答

正社員として長く勤務できるか、意欲があるかが見極められている

結婚、子供の予定、借金についての質問は、プライベートなことであり、本来してはいけないものですが、正社員として長く勤務する意志があるかを見極めたいなどの理由で、質問されることがあります。採用したいという面接担当者の気持ちがくみ取れる場合であれば、結婚後や子供ができても仕事を継続したいと回答して仕事への意欲を示すべきですが、興味本位で質問をするような面接担当者であれば、会社の体質が疑われますので、入社そのものを検討すべきかもしれません。

結婚の予定があれば、予定があることを告げたうえで、結婚後も仕事を続けていく意志を示してください。結婚の予定があり、結婚してみなければ分からないという回答では、採用されるのは難しいでしょう。子供の予定については、子供ができてもできる限り仕事を継続していきたいという回答で問題ありません。この回答の後に逆質問で「子供を育てながら勤務している方はどのくらいいらっしゃいますか？」と質問をすることも可能です。面接担当者の回答が曖昧であれば、育児をしながら働きにくい会社かもしれません。面接担当者はぜひ採用したいと考えると、勤務条件などで問題がないか確認するため、答えにくい質問を投げかけることがあります。質問に回答するか否かは、それまでのやりとりや態度から、信頼できる面接担当者かどうかを見極めて決めましょう。

質問の意図　長く勤務できる応募者かどうか、借金で生活が乱れていないか、仕事についてどのように考えているかについて見極めている。きちんと長く勤務でき、会社に貢献したいと回答しよう。

Q1 結婚の予定はありますか?

CASE 1

未婚だが結婚後も仕事を続けたい場合

OK例 「現在その予定はございませんが、いずれは結婚したいと思っています。仕事は、生涯続けていきたいと考えており、特にキャリアカウンセラーの仕事は、働く女性を支援するうえでも、結婚後も長く続けられる仕事だと考えております。結婚後も仕事と家庭を両立させて、ぜひとも貴社で貢献させていただければと思います」

回答のポイント

結婚後も仕事を続けていきたいと回答することで、定着する応募者だと判断されます。面接担当者は仕事についてどのように考えているかを知りたいので、詳細について回答する必要はありません。

Q2 借金はありますか? ある場合はどのくらいの額ですか?

CASE1

住宅ローンがある場合

OK例 「昨年結婚したのを機に、中古マンションを購入しましたので、約1500万円の住宅ローンはありますが、カードローンや消費者金融などからの借入れは全くありません。住宅ローンの返済も家賃並みの月々6万円ですので、生活に全く支障はきたさないと考えております」

回答のポイント

借金についても回答する義務はありませんが、気にする企業もあります。借入れがある場合でも、完済時期が近い場合はそれも説明しましょう。住宅ローンは、返済可能な額であれば問題ありません。

弱点を突く質問・答えにくい質問④

応募条件を満たしていない場合

応募条件を満たしていない場合は、実務能力をアピールする

学歴や経験など応募条件を満たしていない場合は、選考に進める可能性が低いものの、応募することもできます。求人サイトから応募する場合は、自己ＰＲ欄で発揮できる能力をアピールしたうえで、応募条件を満たしていないが採用試験を受けさせて欲しいと記入しましょう。

求人サイトの中には、企業へ問い合わせができるフォームもあり、こちらから確認することもできます。書類を送付する場合は、添え状に、応募条件を満たしていないが戦力として貢献できることを記入しましょう。

面接前の書類選考がなく、電話で面接のアポイントを取る場合は、「応募条件は満たしていないが、職務能力では貴社が求めているものと合致しており、即戦力として貢献できるので、ぜひ応募させてほしい」と説明しましょう。

面接の場で応募条件を満たしていないことを指摘されたときに、「以前に了解をもらっています」と回答するだけでは、面接担当者は「そんなことは聞いていない」という話になるかもしれません。たとえ面接前に了解を得ていたとしても、言葉を端折らず、応募から面接に至るまでの経緯を丁寧に説明しましょう。そのうえで、応募条件を満たしていなくても、実務能力においては問題がなく、すぐに戦力になれることを謙虚に説明してください。

質問の意図　応募条件を満たしていないと指摘された場合、「申し訳ありません」だけでは、その時点で面接は終了してしまう。実務面のアピールを積極的に行う必要がある。

Q1 経験者に劣らぬ強みは何ですか?

CASE 1

応募条件(編集経験者)を満たしていない場合

OK例

「広告の企画営業職として、営業だけでなく広告の企画立案、校正まで行ってきましたので、編集職の業務についても短期間で習得できると思います。広告の企画経験を生かして、編集職においても斬新な企画を提案できること、また、営業で培ったコミュニケーション能力が、編集職経験者に劣らぬ強みです」

回答のポイント

経験者の募集では、即戦力として募集を行っていますので、前職において関連する職務経験や自己啓発していることを回答し、経験者に劣らぬ戦力として活躍できることをアピールしてください。

Q2 足りない実務経験をどのように補えますか?

CASE1

応募条件(実務経験2年以上)を満たしていない場合

OK例

「実務経験はありませんが、大学でLinuxのプログラミングを勉強しましたので、実務経験2年以上という条件を満たすだけのスキルがあると思います。現在も独学でHTML、JavaScriptについて自己啓発をしており、個人的にスマートフォンのアプリ開発も行っていますので、短期間で戦力になれると考え応募しました。不足しているスキルは自ら積極的に習得していきます」

回答のポイント

求められる実務経験を分析し、経験期間は短くてもスキルでは、求められる能力について具体的に自己啓発していることを語りましょう。短期間で戦力になる人材だとアピールする必要があります。

逆質問❶

聞きづらい質問をする場合のポイント

逆質問は、タイミングと言葉の選び方に気を遣う

給与、労働条件などを知りたい場合、面接担当者に逆質問をする必要がありますが、そのタイミングは、面接担当者から質問を求められたときにしましょう。「最後に何か質問はありませんか」と言われたときがそのタイミングです。

給与や労働条件については、内定後に確認をすることも可能です。面接で、給与や残業の詳しい回答を求めたことで、条件面にこだわる応募者だと判断されてしまう可能性は否定できません。

どうしても確認したい場合は、給与であれば、「会社規定でお願いしたのですが……」と前置きをしたうえで確認をすると、柔らかな態度で給与について聞くことができます。

逆質問は、不信感を抱いてするのではなく、応募企業へ入社したいという意欲を示して行うことがポイントです。

また、逆質問は、面接担当者によって内容を検討した方がいいでしょう。現場の社員が面接担当者の場合は、待遇や給与に関する質問より、働く環境、風土、仕事のやりがいなどについての質問の方が答えやすいかもしれません。

逆質問に関しては、面接担当者が採用の方向で考えているときは、親身に回答してくれます。採用の意志がない場合は、積極的な回答内容ではなく、それが表情や態度からも読み取れることもあるので、注意しておいてください。

ポイント

逆質問は面接の終了間際に行うことが多いが、それまで採用に傾いていた面接担当者が、逆質問で応募者への見方が変わり、不採用になることもあるので注意が必要です。

聞きづらい質問の例

給与について知りたいとき

◉質問例◉

「私の能力を見たうえで判断していただきたいのですが、家庭を持っておりますので、よろしければ給与についてお聞かせ願えないでしょうか」

質問のポイント

実力を見たうえで決めるべきだということは理解していることを示すと、面接担当者で判断できる場合、給与について説明があります。

残業について知りたいとき

◉質問例◉

「前職では週に○時間ほど残業をしておりましたが、貴社では平均どの程度になりますか?」

質問のポイント

残業が多い会社へ転職したくない場合でも、前職での実績を話すことで、実態について面接担当者は語ってくれます。

辞める社員が多いのでは?と心配なとき

◉質問例◉

「中途入社の方は何割くらいいらっしゃいますか?」

質問のポイント

この質問から定着率の数値までは知ることができないかもしれませんが、正直な面接担当者であれば概ねの実態について説明してくれるでしょう。

転勤について知りたいとき

◉質問例◉

「本社は○○ですが、転勤はどのくらいのサイクルでありますか?」

質問のポイント

転居を伴う異動をしたくないとき、この質問をすることで実態を知ることができます。

逆質問は、入社したいという意欲があるからこそしているという態度で行いましょう。
給与や残業などについては、ダイレクトに質問せず、枕詞を添えて質問をすると、不信感を抱かれません。

逆質問❷

好印象を与える逆質問とは

応募企業への入社意欲と仕事に対する熱意を示す

面接担当者は、逆質問による応募者の自社への入社意欲と仕事への熱意を確認することがあります。応募者は「応募企業への入社意欲があるからこそ知りたい」というスタンスで質問することがポイントです。定着率や労働環境に不安があるなどの理由で質問をすれば、面接担当者は懸念を抱かれていると感じ、好感を持ちません。応募企業で活躍したい気持ちや、企業理念に共感し貢献していきたいといった、応募企業だからこそ入社したいという意欲を示して質問すると効果的です。

好印象を与える逆質問をするためには、事前に応募企業について企業研究や業界研究を行う必要があります。求人要項やホームページで把握できる内容を質問すれば、企業研究をしていないと判断されてしまいます。掲載されている内容で疑問に感じたことを質問すれば、企業研究を行っており、本気で入社を考えていると判断されるのです。

好印象を与える逆質問は、原則として働く意欲を示す質問を心がけてください。また、逆質問に対する面接担当者の回答の後には、「分かりました」という言葉ではなく、「素晴らしいですね」「ぜひそのような環境で働きたいです」など、面接担当者の説明に共感していることを、言葉と表情で示しましょう。逆質問によって面接担当者に好印象を与えることができれば、内定をぐっと手繰り寄せることができるでしょう。

ポイント

面接担当者に好印象を与えるために、「入社したいからこそ聞きたい質問がある」というスタンスで質問する。不信感を抱いた表情ではなく、目を輝かせ明るく質問すると好感を持たれる。

好印象を与える逆質問の例

入社意欲を示す質問

◉質問例◉

「1日も早く戦力になりたいと思いますが、私と同年代の社員の方は、どのような活躍をされていますか?」

質問のポイント

戦力になりたい意志を示しながら質問をすると、好感が持たれます。中途採用であっても同年代に負けないやる気や熱意を示しましょう。

登用基準についての質問

◉質問例◉

「将来正社員としてより貢献したいと考えていますが、正社員への登用条件についてお聞かせください」

質問のポイント

安定しているから正社員になりたいというのではなく、より貢献していきたいという姿勢で質問します。回答があいまいであれば、正社員への登用は難しいかもしれません。

社風についての質問

◉質問例◉

「若い社員の方々が生き生きと仕事をされていますが、御社の平均年齢を教えていただけますか?」

質問のポイント

若い社員とともに頑張っていく姿勢を示してください。若い社員が多い企業では、年功序列ではなく活躍するチャンスがより多くあるというスタンスで質問をしましょう。

将来性についての質問

◉質問例◉

「御社のホームページで○○について拝見しましたが、今後の展望についてお聞かせください」

質問のポイント

企業研究を行ったうえでの質問を心がけてください。漠然と展望と質問をしても面接担当者は好感を持ちません。面接担当者の回答後には、共感する言葉を述べましょう。

逆質問では、応募企業や面接担当者に好感を持って質問しましょう。
面接担当者の回答後、「分かりました」だけではなく、簡潔に感想を述べると好印象を与えます。

第4章 「採用したい!」と思わせる面接テクニック&回答例

お礼状の書き方・出し方

面接終了後すぐに送付し、過剰な自己PRは避ける

お礼状は、面接後や内定をもらった直後に、感謝の気持ちを伝えるために送付するもので、必ずしも送付しなければならないものではありません。また、面接直後にお礼状を送付することで採用に有利になることはありませんが、同レベルの応募者の中から選ぶ場合、お礼状を送付した応募者の入社意欲を評価する面接担当者はいます。

なお、面接終了後に送付するお礼状で、過剰な自己PRをすると、なぜ面接時に話さなかったのかと疑問を持たれることもあるので、あくまでも面接のお礼と感謝の気持ちを書き、自己PRは入社意欲を示す文面にとどめておくべきです。

お礼状を出す、出さないは自由ですが、送付する場合は、次の面接前に届くよう面接終了後、速やかに普通郵便もしくは速達で送付しましょう。

一次面接から最終面接まで毎回出すべきか迷う場合は出すべきですが、それぞれ文面を変えて送付してください。面接担当者の氏名が分かる場合は、面接担当者あてに送付し、分からない場合は、「採用ご担当者様」として送付します。複数の面接担当者がいた場合は、採用担当者あてに送付し、「ほかの面接ご担当者の皆様にもよろしくお伝えください」と記入します。

内定後のお礼状は、入社の意志を示すうえでも速やかに送付すべきですが、内定承諾書など、会社への送付物があれば、同封しても構いません。

ポイント

お礼状は感謝の気持ちを示すものだが、手書きではなく、ビジネス文書としてパソコンで作成したものでも構わない。定型文ではなく面接時のエピソードなどを盛り込もう。

お礼状のサンプル

○○株式会社
採用ご担当○○ 様

20○○年○月○日

〒×××—××××
東京都□□□□□□□□□□□□□
氏名　□□□□
電話・FAX　03−××××—××××
メールアドレス　××××××××

拝啓　××の候、貴社ますますご隆昌のこととお慶び申し上げます。

このたびは、お忙しいところ、面接の機会をいただきまして、誠にありがとうございました。❶

面接では、貴社の業務内容、職務内容だけでなく、業界の展望までご説明いただき、大変感謝しております。

ご説明をお聞きし、より一層、入社したいという気持ちが強くなりました。特に貴社の今後の展望についてのお話は、私にとって非常に興味深いもので、前職の経験を生かしてぜひとも貢献したいと思いました。

今までの職務経験を生かし、さらに貴社で必要な知識を習得し、頑張りたいと考えております。❷

今後とも、何とぞよろしくお願いいたします。

末筆ながら、貴社のますますのご発展を心から祈願いたします。❸

敬具

❶ 面接への感謝の気持ちを記入する。
❷ 面接時の内容を盛り込み意欲を示す。
❸ ビジネスマナーとして忘れず記入する。

面接を受けさせていただいたことへの感謝の気持ちと、面接を受けたことでより一層入社したい気持ちが高まったなど、入社への意欲を示します。
採否に影響することはあまりありませんが、面接担当者にすれば、お礼状をもらうことは決して悪い気持ちはしません。

今さら聞けない疑問④

内定を保留、辞退したいときは？

内定を保留にすることは、原則として難しいと考え、“お願いする”姿勢で交渉してみてください。家族と相談をするので時間が欲しいなどと事情を説明すれば、内定の返事を待ってもらえることはありますが、「第一志望の企業が不採用の場合入社したい」という理由であったり、返事の期限が１週間以上だったりすると、内定取り消しになる可能性があります。

また、内定をいったん受諾しておきながら、後になって辞退する行為はできる限り避けたいところ。労働基準法には内定辞退について罰則はないものの、入社直前の辞退では、企業側が入社に備えてパソコンや備品をすでに購入してしまうこともあり、損害賠償を請求される可能性もあります。どうしても辞退したい場合は、一刻も早く電話で連絡をするようにしましょう。

第一志望の企業が最終段階ならば、不採用になる可能性もあることを承知のうえで、第一志望の企業へ事情を説明する方法もあるでしょう。

内定をもらった企業と第一志望の企業で相当な違いがある場合は第一志望の企業に賭けてみるといった選択肢もありますが、それほどの違いでなければ、速やかに内定を出した企業に、感謝の気持ちを持って入社すべきかと思います。

一番良いのは、「第一志望の結果が出た後、第二志望の結果が出る……」というように、希望順に内定が出ることです。そのためには、各企業の選考スケジュールを踏まえたうえで面接を設定するなど、自分でコントロールしておくことが大切です。そして、選考途中であっても常に志望順位を整理しておくと、焦ることなく判断ができます。

内定保留 ▶ 企業にもよるが、通常2～3日程度（最長でも１週間程度）

家族と相談するなどの理由で、数日であれば待ってもらえることもある。

内定を受諾しておきながら辞退

会社へ多大な迷惑をかける。入社のために準備した備品について損害賠償を請求される可能性がある。

第一志望の結果を待つ場合の選択肢

- 内定を辞退し、第一志望の企業に賭ける。
- 最終選考の結果待ちであれば、第一志望の企業へ事情を説明し、結果をうかがう。→不採用になる可能性がある。
- 内定を出した企業へ事情を相談する。→不採用になる可能性がある。
- 第一志望の企業をあきらめ、内定を受諾する。

第5章

円満退職をするために知っておきたいこと

せっかく内定を勝ち取っても、
今いる会社を円満に退職できなければすべてが水の泡。
どうせ辞めるのだから適当でいい、
などというい加減な考えでは、
転職後もうまくいかないことが多いようです。
退職願やあいさつ状の書き方、保険・年金などの手続き
から仕事の引継ぎまで、抜かりなくこなして、
新天地へ向かうようにしましょう。

退職願の書き方・提出の仕方

円満に退職することが社会人としてのマナー

円満に退職するためにも、まずは就業規則で退職について確認をして、手続きを進めましょう。仮に、就業規則に「申し出は退職の1カ月前までに〜」などと記載されているのであれば、1カ月以上前に、直属の上司に退職したい意思を伝え、退職日を決めたうえで退職願を直属の上司に提出してください。たとえ直属の上司との関係がうまくいっていなかったとしても、直属の上司を飛び越えて別の上司や人事部に直接提出するのはNGです。退職願のあて名は社長ですが、提出するのは、原則として直属の上司になることにも注意しておきましょう。

次に、「退職願」と「退職届」の違いですが、「退職願」には、退職することについて会社の判断を仰ぐという意味が含まれており、自己都合による退職で使います。一方、「退職届」は退職の意思決定として届けるということで、会社都合による退職で使用します。なお、退職願は「おうかがい」ですから、提出後に撤回することが可能です。しかし、退職届の場合は撤回が認められないという違いがあります。

退職願は白地の用紙に、黒もしくは紺の万年筆やボールペン、サインペンで書き、通常、縦書きで記入します。用紙はB5サイズのものが適当です。封筒に入れて、封筒の表には、退職願と記入しましょう。

ポイント

提出前に上司と退職日を決めたうえで、就業規則などで定められた期日より前に提出する。自己都合で円満に退職する場合は、通常、退職届ではなく、退職願として提出する。

退職願のサンプル

退職願

私儀 ❶

❷ 一身上の都合により、平成○○年○月○日を
もって、退職いたしたく
ここにお願い申し上げます。

平成○○年○月○日 ❸

○○部○○課　氏名　印

○○○○株式会社 ❹
代表取締役社長　○○　○○様 ❺

❶ 行末より書き始めます。
❷ どのような理由であっても「一身上の都合」とし、具体的な理由は書きません。
❸ 退職願を提出する日を記入します。
❹ (株)と略さず、正式名称で記入します。
❺ あて名は社長ですが、直属の上司に提出します。

会社指定の用紙があることも。いきなり退職願を提出するのではなく、上司に退職の意思を伝えたうえで提出しましょう。

あいさつ状の書き方・出し方

あいさつ状の送付は退職後に行うこと

退職願を提出し、引き継ぎなどが終わったら、あいさつ状を作成しましょう。

あいさつ状を送付することで、お世話になった方々に感謝の気持ちを示すとともに、転職先を伝え、今後のビジネスでもお付き合いができる可能性を示唆します。在職中に社員に退職を知らせるために社内メールで連絡するケースがありますが、企業によっては私用メールととらえ好ましくないと考えられることがあるので注意しましょう。メールの文面は、お世話になったことへの感謝の気持ちにとどめ、会社批判や退職理由を詳細に記入することは原則として慎むべきです。取引先へのメールも同様ですが、取引状況が親密であれば、電話や訪問をしてあいさつをしましょう。

なお、同業種に転職する場合であっても、転職先の企業との取引について顧客を誘導することは、ビジネスマナーとして行うべきではありません。あいさつ状は、あくまでも在職中にお世話になったことへの感謝と、今後も変わらぬお付き合いをお願いするためのものなのです。

もちろん、退職時にお付き合いのあった方々すべてにあいさつができるわけではありません。退職後、何かのきっかけで再びお世話になることもありますし、退職を知らせなかったことで、あいさつもない失礼な人だと思われないためにも、速やかにあいさつ状を送付しましょう。

ポイント

お世話になった方々へあいさつ状を送付する際、まだ前の会社に在職中に転職先を記載して送付すると、転職先へ迷惑をかけることになりかねない。送付は退職後に行うこと。

あいさつ状のサンプル

拝啓　○○の候　ますますご健勝のこととお慶び申し上げます。❶　さて　私こと
このたび　○月○日をもちまして○○株式会社を退職し、株式会社○○へ○月○日より勤務することになりました。❷
在籍中は、格別のご高配を賜り心より厚く御礼申し上げます。皆様からのご指導を忘れず、新しい勤務先でも一生懸命努力していく所存でございます。❸
何とぞ今後ともご指導ご鞭撻を賜りますようお願い申し上げます。
まずは略儀ながら書中をもって御礼かたがたごあいさつ申し上げます。
末筆ながら今後のますますのご発展ご多幸を心よりお祈り申し上げます。

敬具

平成○○年○月 ❹

氏名

勤務先　○○株式会社 ❺
〒×××—××××　東京都××××××
電話　××××
E-MAIL　××××

❶ 季節のあいさつ文から始まります。
❷ 退職日を記載し、転職先への入社日を知らせる場合は記載します。
❸ お世話になった感謝の気持ちを記載します。
❹ 投函月を記載します。
❺ 転職先会社名、連絡先を記載します。

お世話になった方々へ、感謝の気持ちと今後も良好な関係を築いていきたい気持ちを示すことが、あいさつ状の目的です。退職後、速やかに送付しましょう。

社会保険・税金と雇用保険（失業保険）の手続き

社会保険、税金の手続きを行うことで退職が完了する

在職中の健康保険料、厚生年金保険料は、企業が半額負担していますが、退職するとその資格が失われます。転職先が決まっていない場合は、健康保険は企業と相談して任意継続ができますが、保険料が全額自己負担になるので、転職先が決まるまで、国民健康保険に加入できます。

退職後すぐに転職をして、転職先の企業が社会保険に加入している場合、そこで新たに資格取得の手続きを行います。退職時に病気やけがをしていて治療の継続が必要なときは、「任意継続給付」の手続きを行えば、在職中の保険が適用されます。

税金は、退職して12月までに転職する場合、退職時に受け取った源泉徴収票を転職先の企業に提出して年末調整をしてもらいます。転職先が決まらない場合は、自分で確定申告を行う必要があります。住民税は、前年の所得で計算された金額を、翌年の6月から翌々年の5月まで支払うので、退職時に残額を一括で、または退職後に分割して支払います（在職中であれば、給与から天引きされます）。退職年の住民税は、納税通知書が届くので、翌年自分で支払うことになります。

なお、雇用保険を在職中に一定期間支払っていると、離職後すぐに転職先が決まらない場合、失業給付を受給できます。失業給付は、自己都合で辞めた場合は通常約4カ月後、会社都合の場合は、約1カ月後に支給されます。

ポイント

退職前に会社の人事担当者に手続きについて確認をする。社会保険料は、退職時期によって会社から控除される金額が異なるので、いつまで納めているか確認が必要。

退職後の保険・税金関係の手続き方法

社会保険（健康保険・年金・雇用保険）

- 健康保険、厚生年金の資格喪失日は、退職日の翌日になる（末日退職の場合は、翌月1日）。
- すぐに転職する場合は、転職先で健康保険、厚生年金の資格取得の手続きをする。
- 転職先が決まっていない場合は、国民健康保険、国民年金の加入手続きを居住地の市区町村で行う（健康保険については任意継続の手続きも可能だが、保険料は全額自己負担になる。加入しない場合、診療費は全額自己負担になる）。
- 長期間国民年金の手続きを行わないと、過去にさかのぼり未払いの保険料を請求される可能性がある。
- 転職先が決まっている場合は、雇用保険被保険者証を転職先の企業へ提出する。

所得税

- 退職後、12月までに転職する場合は、転職先へ源泉徴収票を提出し、転職先で年末調整を行う。
- 失業中の場合は、居住地を管轄する税務署で確定申告を行う。

住民税

- 前年の所得から計算された今年度の住民税を退職時に支払う。
- 退職日が1～4月の場合は、退職する企業で今年度の残額が一括徴収される。
- そのほかの時期は、分割が可能で、後日納税通知書が届く。

失業給付金の手続き

- 転職先が決まっていない場合で、受給要件に該当する場合は、失業給付金の申請を行う。

■受給要件

離職の日以前2年間に、被保険者期間が通算して12カ月以上あること。ただし、倒産や解雇などで退職した特定受給資格者または特定理由離職者については、離職の日以前1年間に、被保険者期間が通算して6カ月以上ある場合でも可。

＊被保険者期間とは、雇用保険の被保険者であった期間のうち、1カ月ごとに区切られた期間に賃金支払いの基礎となった日数が11日以上ある月を1カ月と計算する。

＊就職しようとする積極的な意志があることが前提なので、病気やけがですぐに就職できない場合など、すぐに給付を受けられない条件がある。

■手続き方法

居住地を管轄する公共職業安定所（ハローワーク）に雇用保険被保険者証、離職票、免許証など身分を証明するもの、銀行口座の分かるもの、印鑑を持参し、公共職業安定所にある求職票、失業給付申請書に必要事項を記入のうえ、提出する。

仕事の引き継ぎ
企業に返却するもの、受け取るもの

退職するからといって手を抜くと今までの実績や評価を失う

退職が決まると、転職先の企業のことで頭がいっぱいになり、今の仕事がおろそかになる人がいますが、退職するからこそ、手を抜かずきちんと仕事をこなしましょう。周囲の社員は、退職する社員の仕事を観察しています。退職が決まった途端、手のひらを返すようでは、退職後も良い人間関係を築くことはできません。退職が決まったからといって浮かれることなく、残された業務をこなし、引き継ぎを行ってください。

なお、営業職などで取引先にあいさつや引き継ぎが必要な場合は、後任の担当者を紹介しましょう。後任の紹介もせず、先走って取引先に辞めることを告げると、企業の体質が疑われることがあるので、上司に確認を取ったうえで、後任の紹介を行います。また、業績が悪い状況では、危ない会社からさっさと逃げ出す社員だと受け取られることもあります。後任への引き継ぎの際は、後任者が困らないように引き継ぎノートを作成するなど、できる限りのことをしておきましょう。

退職日が近くなると送別会を催してくれることがありますが、お酒の席でも企業への不平、不満の言葉はNGです。残る社員にとって気持ちがいいものではないので慎んでください。

退職に当たり、企業へ返却するものや受け取るものがあります。事前に担当者に確認をしたうえで、すみやかに対応しましょう。

ポイント

退職するからといって仕事をいい加減に流したり雑にするようでは、転職先でも成功はしない。細心の配慮と誠意を持って、最後まで職務を全うすることが大切。

退職までに注意すること

- 退職が公になるまで、辞めることを周囲の社員に軽々しく告げない。
- 引継ぎは、後任者がやりやすいように書面にまとめる。
- 取引先へのあいさつや後任者の紹介は、上司に確認をしたうえで行う。
- 送別会などで、企業や上司の悪口を言わない。
- 退職時に返却するものや受け取るものを、事前に確認する。
- 同僚や上司に感謝の気持ちで接する。

企業に返却するもの

- □ 社員証(社章)
- □ 健康保険証
- □ 名刺(取引先からもらったものを含む)
- □ 定期券(企業からの支給の場合)
- □ 制服
- □ 企業の資料
- □ その他(PC、備品など)

企業から受け取るもの

- □ 雇用保険被保険者証
- □ 年金手帳(企業で預かっている場合)
- □ 離職票1と2(手続きが後日になる場合、退職後自宅に送付されることもある)
- □ 源泉徴収票(手続きが後日になる場合、退職後自宅に送付されることもある)

「自分が残された側の立場だったら……」と考えて最後まで分かりやすく、丁寧に引き継ぎ業務を行いましょう。
退職するからと浮かれず、これまでお世話になった企業への感謝を込めて、退職日まで業務を全うしましょう。

今さら聞けない疑問⑤

退職を申し出ても辞められない場合・退職金が支給されない場合

退職を申し出ても、受け入れてもらえないケースがあります。後任者がいないため認められない、後任者を募集してから入社するまで時間がかかるので退職時期をずらすよう指示されるなど、円満に退職したいと考えて申し出ても、認めないと言われると対応に苦慮します。原則として、就業規則に基づき申し出れば問題ないのですが､引き継ぎや後任者の状況を考えたうえで、少し早めに申し出る必要があるかもしれません。

きちんと引き継ぎを行い、円満に退職することが前提ですが、企業側が理不尽な対応に出るようであれば、嫌な思いをして辞める結果になることもあります。そのような状況でもできる限りの引き継ぎを行い、後任者が決まらないなら書面に残すようにしましょう。後任の問題で退職時期をずらすように言われた場合、数週間程度ならば転職先の企業と交渉の余地はありますが、原則として入社時期を遅らせることは難しいと考えた方がいいでしょう。やむを得ず退職日を遅らせる場合でも、明確な日取りを提示してもらったうえで、転職先と交渉しましょう。就業規則に基づき退職願を出しているのであれば、毅然とした態度で慰留を断る勇気を持つことも大切です。

また、場合によっては、社員の退職が上司の責任問題になることを恐れ、退職を認めないケースもあります。上司の説得に対してあいまいな態度を取ると、上司は慰留を了解したと判断するので、話を真摯に聞いたうえで、退職の意思が固いことを説明しましょう。それでも認められない場合は、円満に退職できないことを覚悟のうえ、さらに上の上司や人事部に訴える方法もあります。

なお、退職金は、通常退職金規定に基づき支給されます。勤続年数や役職で支給額が異なるので、退職前に確認をしておきましょう。支給対象者として該当するにもかかわらず、支給されない場合は、退職金規定があれば、労働基準監督署に相談しましょう。退職金規定がない場合は、給与と異なり企業に支給義務はないので、支払われることは難しいかと思います。納得がいかない場合は、法律的に争うことになります。弁護士など、法律の専門家に相談をしてください。

在籍期間を延ばして退職金を多くもらいたいという理由で、転職先企業への入社を遅らせるのは、考えものです。転職先企業で能力を発揮することを優先して考えましょう。

終　章

内定から入社までの流れと準備

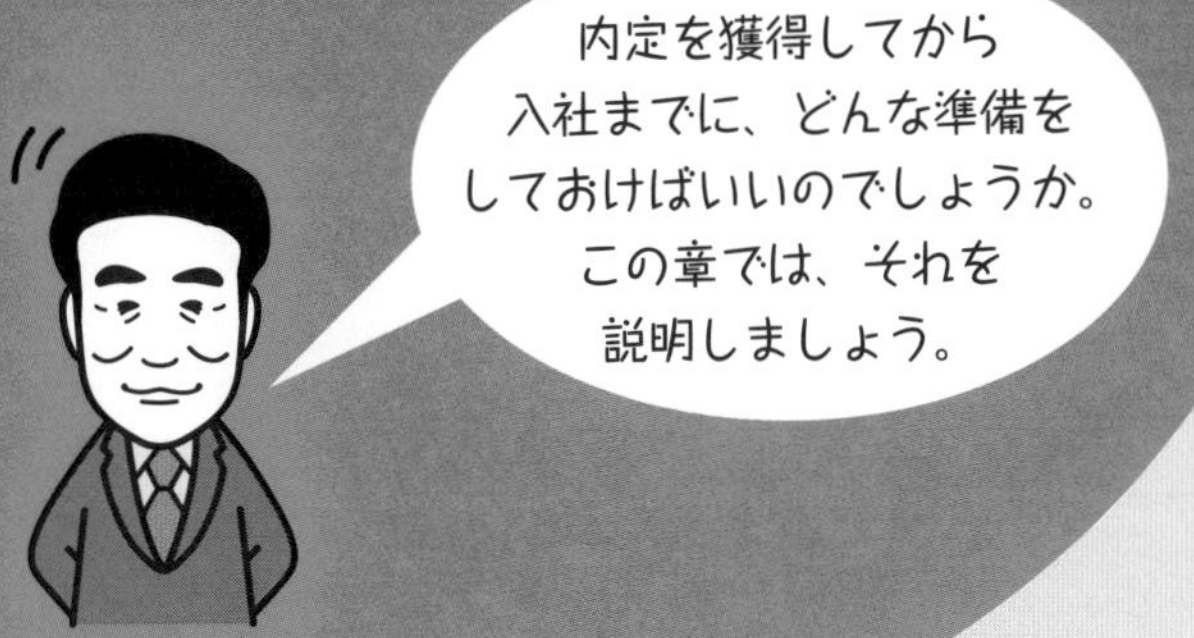
内定を獲得してから
入社までに、どんな準備を
しておけばいいのでしょうか。
この章では、それを
説明しましょう。

内定から入社までの流れ

応募企業とのやりとり

内定の連絡

↓

内定に伴う書類が送られてくる

↓

内定承諾書や雇用契約書など、必要書類の送付

↓

勤務中の企業で行うこと

退職願の提出

↓

退職願が受理される

↓

（内定の連絡）
- 内定の連絡が、書面、電話、メールなどで入る。
- 電話であっても入社の同意を求められる。同意すれば内定受諾と認められる。
- 入社予定日、待遇、勤務地などを確認する。
- 入社を決めるに当たり、不安な点や聞きたいことがあれば受諾前に確認する。

（内定に伴う書類が送られてくる）
- 内定承諾書、雇用契約書が送付されてくる（来社を求められることも）。

＊身元保証書の提出や健康診断を受けるよう指示する企業もある。

- 雇用契約書の次の項目については採用時に書面で明示するよう労働基準法で定められている。書面でもらえない場合は確認をすること。

□雇用契約の期間
□就業場所、従事する業務
□始業及び終業の時刻、残業の有無、休憩時間、休日、休憩など
□賃金の規定、計算及び支払いの方法、締め切り日、支払い日
□退職に関する事項

（退職願の提出）
直属の上司に退職を申し出て、退職願を提出。

返却するもの、受け取るものの確認

人事担当者などに確認。

引き継ぎ

やり残した仕事、後任者への引き継ぎを行う。

関係各所へのあいさつ

取引先へのあいさつや後任者への引き継ぎは上司の許可を得て行う。

送別会

同僚や上司へ感謝をして、気持ちよく送られるようにしよう。

企業の備品を返却、会社から書類をもらう

企業の備品や資料を返却し、年金手帳、雇用保険被保険者証、源泉徴収票などをもらう。

退職

社外で行うこと

転職先企業に連絡

退職が決定したので、入社予定日に入社できる旨を連絡する。

入社前の連絡・あいさつ

内定から入社まで期間がある場合は、定期的に連絡を入れるようにする。入社前に配属予定部署の上司との面談などを行うこともある。

各種手続きを行う

国民健康保険、国民年金加入の手続き（入社まで期間がある場合）、あいさつ状の送付（お世話になった方へあいさつ状を送付）など。

自己啓発に励む

入社まで時間がある場合は、必要なスキルの習得など、自己啓発を行う。

入社

年金手帳、源泉徴収票、雇用保険被保険者証など、必要書類を提出。

入社前の確認事項と提出書類

給与や労働条件などの疑問点は内定時に確認する

内定をもらうと嬉しさのあまり、給与や労働条件について詳しい内容を聞かずに入社するケースがありますが、入社後に嘆かないためにも、内定時に疑問点を解消しておくべきです。

採用されると雇用契約書を書面でもらうので、勤務地や給与について確認できます。書面でもらえない場合は、入社前に確認をしてください。これから長い期間お世話になる会社ですから、採用担当者に打合せの時間を設けてもらい、話を聞くといいでしょう。時間が取れない、あるいは詳しいことは入社後に説明するといった対応など、納得のいかない対応であれば入社すべき企業かどうか十分検討すべきです。

なお、確認する際は、入社意欲を示しながら質問をしましょう。応募者が不信感から質問をしていると感じれば、採用担当者もいい気持ちはしません。入社を真剣に考えているからこそ、分からない点について確認をしていると思われるように、語調、態度、表情などにも注意してください。

提出書類についても疑問点があれば確認をします。通常、年金手帳、雇用保険被保険者証、源泉徴収票の提出が求められますが、会社独自の提出書類がある場合もあります。入社前にすべてを把握するのは難しいかもしれませんが、事前に納得したうえで入社するのと、入社後初めて分かるのとでは、入社後のモチベーションが違います。

ポイント

疑問点を解消せず入社すると、入社後困ることも。企業のやり方はそれぞれ異なるので、疑問に感じた点は質問をし、十分納得したうえで入社すべき。

入社後に注意すること

最初から飛ばし過ぎず、何事にもじっくり取り組む

中途採用者は、前職での経験を期待されているだけに、最初から成果を出したいと飛ばす人がいますが、周囲となじめずうまくいかないケースがあります。入社後は焦らず、まずは人や環境に慣れることから始めてください。社内の人間関係を観察することも大切です。

早く認めてもらいたいという気持ちから、既存のやり方を否定し、入社後すぐに企業の問題点や改善点を指摘する人がいますが、前職でいくら優秀であっても、転職先の会社では新人です。企業にはそれぞれ文化があり、やり方があります。いきなり外部からきた人に、今まで築いてきた文化を否定されれば、面白いわけがありません。新人としての気持ちを忘れず一生懸命仕事に向かう姿勢で臨めば、評価はついてきます。思うように期待に応えられない状況になると、前職の自慢をしながら、転職先の組織や体制に問題があるから成果が出ないと言い訳をする人がいますが、前職の成果や実績など関係ありません。新しい企業の一員として、現状を理解しながら成果を上げていくことが大切なのです。

前職で長く勤務した人は、前職との違いに戸惑うことがありますが、「郷に入っては郷に従え」の精神で慣れることが大切です。まずは、じっくり企業の状況を見ながら、社員と良好な関係を構築してはじめて、やりたいことができるのです。

ポイント

社員と良好な人間関係を築けなければ、やりたいことややるべきことは実現できない。既存のやり方や社内の人間関係を把握したうえで、じっくり積み上げていく気持ちが大切だ。

今さら聞けない疑問⑥

なかなか採用が決まらないときは？

なかなか採用が決まらないと、「どうせ今度も駄目だろう」とネガティブな気持ちにもなるでしょう。一般的には、転職活動の平均日数は３カ月といわれており、３カ月間懸命に活動をしても結果が出ない場合は、採用されない理由を分析したうえで、方向転換する必要があるかもしれません。

中途採用は、基本的には前職での経験がどのように応募先の企業で生かせるかが採否を決めます。書類が通らないのであれば、応募企業が必要とする職務経験と合致していないのかもしれません。

書類は通るのに面接がうまくいかない場合であれば、実務能力では評価されているので、仕事への意欲や応募企業だからこそ入社したいという熱意をうまくアピールできていないことが考えられます。

転職は、憧れや思い込みだけではうまくいきません。憧れを実現するための道筋をきちんとつけたうえで、転職先企業でどれだけ自分が貢献できるのかをアピールすることが大切です。目標に向かう道は一つではありません。うまくいかないときは、回り道をして向かうこともできます。職種や雇用形態にこだわらず、見方を少し広げてみることも必要です。

行き詰まったら一人で悩まず、客観的に判断できる人に相談をしてみるのもいいでしょう。ちょっとしたアドバイスがきっかけで、うまくいくこともあります。あきらめず、思い込まず、柔軟な発想で、転職活動を行ってください。

3カ月集中して転職活動を行っても結果が思わしくないときは、応募職種、業界、雇用形態、希望条件などについて再度検討してみてください。

おわりに

　最後までお読みいただき、ありがとうございました。本書には、新卒採用と中途採用の違い、採用担当者が会ってみたいと思う職務経歴書の書き方、面接でのアピール方法、退職から入社までの手続きなど、はじめて転職される方に必要なことを書きました。ぜひ、実践していただきたいと思います。

　私は長年、転職者向けの講演や個別指導を行っていますが、「言われたことを実践して内定が取れました！」と嬉しい連絡をくれる人は、講演や個別指導で指摘したアドバイスを、自分のものとして取り入れて実践している人たちです。転職で重視されるこれまでの職務経験は、過去の出来事であり変えられるものではないのですが、採用担当者に向けてのプレゼン方法は、いくらでも変える余地があるのです。ぜひ、本書で気付いたことを、あなた自身のものとして取り入れてみてください。

　厳しい雇用情勢だからこそ、「自分のやりたいこと」「なりたい自分」について、ぜひ考えていただきたいと思います。「なりたい自分」を目指すことで、やるべきことが見えてきます。自分自身と向き合い、やるべきことに向けて行動した者が、成功するのだと信じています。

　私は、「思いは通じる」という言葉が好きです。思うことで、あと一歩頑張るエネルギーが生み出されるのです。

　転職活動は周囲に相談できる人がなかなかいなくて孤独な気持ちになりがちですが、決して孤独ではありません。壁にぶつかったときは、ぜひ本書を読み返していただき、新たな気付きを感じてください。

　最後に、本書を執筆するに当たり、『転職者のための職務経歴書・履歴書・添え状の書き方』でもお世話になりました株式会社マイナビ出版の方々、そして有限会社ヴュー企画の池上直哉氏、柳澤みの里さんには、並々ならぬご尽力をいただきました。この場を借りて感謝の気持ちをお伝えできればと思います。

　ありがとうございました。

谷所　健一郎

【著者紹介】谷所 健一郎（やどころ けんいちろう）

有限会社キャリアドメイン（http://cdomain.jp）代表取締役。

日本キャリア開発協会正会員。キャリア・デベロップメント・アドバイザー（CDA）。

外食産業の株式会社綱八の人事部長として勤務後独立。自らの転職経験と1万人以上の面接経験から、『マイナビ転職』での連載や、人事、転職関連の書籍を数多く執筆。求職者向けセミナー、講演を精力的に行う。『ヤドケン転職道場』『キャリアドメインマリッジ』『ジャパンヨガアカデミー相模大野』運営のほか、転職・就活DVDを製作。

主な著書に小社の『採用獲得のメソッド　転職者のための面接回答例』、『採用獲得のメソッド　転職者のための職務経歴書・履歴書・添え状の書き方』など多数。

編集　有限会社ヴュー企画（池上直哉／柳澤みの里）
カバーデザイン　掛川 竜
本文デザイン　高橋デザイン事務所
イラスト　門川洋子

採用獲得のメソッド
はじめての転職ガイド
必ず成功する転職

著者　谷所健一郎
発行者　滝口直樹
発行所　株式会社マイナビ出版
〒101-0003
東京都千代田区一ツ橋2-6-3 一ツ橋ビル2F
電話　0480-38-6872（注文専用ダイヤル）
03-3556-2731（販売部）
03-3556-2735（編集部）
URL　http://book.mynavi.jp

印刷・製本　大日本印刷株式会社

※価格はカバーに表示してあります。
※落丁本、乱丁本についてのお問い合わせは、TEL0480-38-6872（注文専用ダイヤル）か、
電子メール sas@mynavi.jp までお願いいたします。
※本書について質問等がございましたら、往復はがきまたは返信切手、返信用封筒を同封のうえ、
㈱マイナビ出版編集第2部までお送りください。

お電話でのご質問は受け付けておりません。